Schlagfertig mit dem richtigen Zitat

Für jede Situation die passenden Worte

von

Peter Kenzelmann

Linde international

Bibliografische Information Der Deutschen Bibliothek

Die Deutsche Bibliothek verzeichnet diese Publikation in der Deutschen Nationalbibliografie; detaillierte bibliografische Daten sind im Internet über http://dnb.ddb.de abrufbar.

ISBN-10: 3-7093-0116-5
ISBN-13: 978-3-7093-0116-6

Konzeption und Realisation: Ariadne-Buch, Christine Proske, München
Redaktion: Andreas Kobschätzky

Umschlag: AG MEDIA GmbH

1210 Wien, Scheydgasse 24, Tel.: +43/1/24 630
www.lindeverlag.at

Druck: Hans Jentzsch & Co. GmbH., 1210 Wien, Scheydgasse 31

Inhalt

Der Geist auf der Treppe

Schlagfertigkeit ist das, was einem hinterher einfällt, so heißt es frei nach Mark Twain. Und auch wenn es nicht gerade das Originellste ist, was man zu diesem Thema sagen kann, ist Twains berühmter Ausspruch *(Schlagfertigkeit ist etwas, worauf du erst 24 Stunden später kommst.)* wohl doch zumindest einer der treffendsten. Er offenbart auf wunderbar prägnante Weise, zielsicher und amüsant, das uns allen gut bekannte Problem mit der Schlagfertigkeit – enthüllt uns sozusagen *des Pudels Kern.*

Er beschreibt das Phänomen Schlagfertigkeit so, wie wir sie häufig erleben: als eine Fähigkeit, die wir eigentlich beherrschen, nur leider oft nicht zum richtigen Zeitpunkt, sondern meist einen Tick zu spät! Sicherlich haben auch Sie schon Erfahrungen wie diese gemacht: Just in dem Moment, in dem Sie den Telefonhörer auflegen, fällt Ihnen jener Satz ein, mit dem Sie die schnippische Telefonistin geistreich in die Schranken hätten weisen können. Aber nun ist sie leider schon weg, eben mühsam, aber höflich abgewimmelt, und Ihr geistreicher Satz nützt Ihnen überhaupt nichts mehr. *Rien ne va plus.* Aus und vorbei. Im Französischen gibt es hierfür sogar einen eigenen Begriff: *esprit de l'escalier*[1]. Wörtlich übersetzt heißt er „Geist der Treppe" und bedeutet so viel wie „was einem hinterher auf der Treppe einfällt".

Kennen Sie das Sprichwort *Zwei Fliegen mit einer Klappe schlagen*? Mit Twains Worten schlagen Sie mit einer Klappe sogar drei Fliegen: Mit ihnen kann man zitierend (Fliege 1) über Schlagfertigkeit reden (Fliege 2) und gleichermaßen schlagfertig antworten (Fliege 3). Denn stellen Sie sich vor, Sie werden angesichts dieses Buches in Ihren Händen dazu herausgefordert, Ihre Schlagfertigkeit unter Beweis zu stellen. Würde Ihnen Mark Twain hier nicht wunderbare Dienste leisten? – Wenn es also um Schlagfertigkeit und Zitate geht, dann kommen Sie an diesem Satz von Twain einfach nicht vorbei. Doch

---

[1] Auf Deutsch: „Treppenwitz", dem französischen „esprit de l'escalier" entlehnt, bezeichnet einen Einfall, der in der aktuellen Diskussion nicht mehr vorgebracht werden kann, weil er einen Moment zu spät auftaucht – eben beim Hinausgehen auf der Treppe.

dazu später mehr. Denn bevor wir in die Sammlung passender Zitate für Ihre Schlagfertigkeit eintauchen, braucht es noch einige Überlegungen zur Schlagfertigkeit im Allgemeinen.

Attacke!

Das Vokabular rund um die Schlagfertigkeit ist gespickt mit martialisch anmutenden Begriffen, die eher eine Kampfattacke erwarten lassen als eine geistreiche rhetorische Replik. Natürlich hat Schlagfertigkeit mit „schlagen" zu tun. Doch im Gefolge dieses Wortes tummelt sich allerhand: Neben Verbalkeulen finden sich Wortgefechte, es geht um Angriff und Abwehr; verbale Tiefschläge werden ausgeteilt oder Argumente messerscharf und schlagkräftig vorgebracht. Ist Schlagfertigkeit also eine wirkungsvolle Waffe im rhetorischen Kampfgetümmel, ein Instrument, um den Gegner zu überwältigen? Ist Schlagfertigkeit vielleicht sogar nur die logische Weiterentwicklung der primitiven Waffen der Urmenschen, die letztlich unser Überleben sichern soll?

Hierzu eine Überlegung: Wir Menschen sind im Vergleich zu Tieren für gewaltsame Auseinandersetzungen rein körperlich erschreckend schlecht gerüstet. Wir besitzen weder scharfe Reißzähne, noch können wir besonders schnell flüchten. Auf hohe Bäume zu klettern bereitet uns große Mühe, wir sehen nicht wirklich gut – und hören noch schlechter. Kurz: Unsere körperlichen Voraussetzungen sind nicht sonderlich hilfreich, wenn es darum geht, Leib und Leben zu verteidigen. Deshalb mussten sich schon unsere Vorfahren Hilfsmittel beschaffen, um diese Defizite auszugleichen.

Die Urzeitkeule

Eine der ersten Waffen der Menschen war die Keule. Sie diente als Ersatz für ein schlagkräftiges Hinterbein, mit dem viele Tiere sehr wirksame Schläge austeilen können. Mithilfe einer Keule erhöhten die Menschen also bereits damals ihre Schlagkraft und ihre Schlagfertigkeit.

Heute findet der Kampf „Mensch gegen Bestie" jedoch allenfalls noch in Kinos oder dubiosen Abenteuerarrangements statt.[2] In der Regel müssen wir uns im Alltag weder gegen wilde Tiere noch gegen körperliche Angriffe verteidigen. Die rein physische Stärke eines Menschen ist in unserer Zeit daher nur noch von relativ geringer Bedeutung, wenn es um Erfolg, Ansehen, Zufriedenheit und letztlich auch um das Überleben geht. Geistige Beweglichkeit, Originalität, mentale Stärke, Eloquenz, Überzeugungskraft, Schlagfertigkeit – das sind die Eigenschaften, die von unseren Mitmenschen gewürdigt werden. Kommunikation und Sprache haben inzwischen einen so hohen Stellenwert, dass niemand, der am gesellschaftlichen Leben teilhaben will, an ihnen vorbeikommt. Und bei jeder Rede, jedem Streitgespräch, Telefonat, Verkaufsgespräch, jeder Präsentation, jedem Interview kommt es im Zweifelsfall darauf an, dass Sie über hochentwickelte rhetorische und kommunikative Fähigkeiten verfügen.

Homo homini lupus

Da Menschen nun aber nicht grundsätzlich friedliebend sind (*Der Mensch ist des Menschen Feind*[3]), reicht es nicht aus, immer alles nur schön, gut und richtig zu machen. Sie sollten gewapp-

---

[2] Hier als kleiner Gedankenanstoß ein Zitat von George Bernard Shaw: *Wenn ein Mensch einen Tiger tötet, spricht man von Sport. Wenn ein Tiger einen Menschen tötet, ist das Grausamkeit.*

[3] *Homo homini lupus.* Dieser lateinische Satz bedeutet wörtlich übersetzt: *Der Mensch (ist) dem Menschen ein Wolf.* Damit charakterisiert der englische Philosoph Thomas Hobbes (1588–1679) in seinem staatsphilosophischen Werk *Leviathan or the matter, form, and power of a commonwealth, ecclesiastical and civil* (*Leviathan oder Der kirchliche und bürgerliche Staat*) das für ihn natürlichste Verhalten des Menschen: das aus den Grundtriebkräften Selbsterhaltung und Lustgewinn resultierende Streben nach uneingeschränkter Macht. Bildungssprachlich wird diese Formulierung verwendet, um den Menschen als gefährlichsten Feind des Menschen zu kennzeichnen. Übernommen hat sie Hobbes vom römischen Dichter Plautus (um 250 - um 184 v. Chr.). In dessen Komödie *Asinaria* heißt es: *Lupus est homo homini, non homo, quom qualis sit non novit* (*Ein Wolf ist der Mensch dem Menschen, kein Mensch, wenn er nicht weiß, wie dieser geartet ist*; Vers 495). Ein Kaufmann begründet dort mit diesen Worten seine Weigerung, einem ihm Unbekannten eine größere Geldsumme auszuhändigen. (*Duden - Das große Buch der Zitate und Redewendungen*, Mannheim 2002 [CD-ROM])

net sein gegen Angriffe und gerüstet für Attacken. Nur: Mit dem Repertoire Ihrer Vorväter kommen Sie hier nicht weiter. Denn gegen einen gut geführten rhetorischen Angriff wird eine Urzeitkeule rein gar nichts ausrichten. Sie könnten damit höchstens Ihren Gegner im wahrsten Sinne des Wortes mundtot machen, indem Sie ihn k.o. schlagen. Davon ist allerdings dringend abzuraten. Ich denke, die Gründe dafür liegen auf der Hand ... Es bedarf also einer anderen Möglichkeit, unsere Schlagkraft und Schlagfertigkeit zu erhöhen – in der Hoffnung, sich wenigstens gegen die verbalen Angriffe unserer Artgenossen zur Wehr setzen zu können: der verbalen Keule, einer gut sortierten Sammlung an Angriffs- und Verteidigungstechniken in Sachen Kommunikation.

Primitive Techniken und grobschlächtige Hau-drauf-Methoden sind allerdings „mega-out". So wie aus der Keule der Höhlenbewohner bald der Speer und das Schwert wurden, so verfeinern wir auch heute unsere Werkzeuge und Waffen immer weiter. Verbalkeulen werden zu messerscharfen Argumenten, rhetorische Tiefschläge zur ausgefeilten Gegenrede, und ein plumper Gegenangriff ist nicht mehr nötig, wenn Sie mit einem treffenden Zitat erfrischend und elegant parieren können. Insofern soll Ihnen dieses Buch Steinzeit-Techniken ersparen, die nach ihrer Anwendung meist nur einen Scherbenhaufen hinterlassen.

Bei all dieser Kampfrhetorik stellt sich natürlich auch die Frage, ob Schlagfertigkeit eigentlich etwas Gutes und Wünschenswertes ist. Denn wer will sich schon ständig im Kampf mit seinen Mitmenschen befinden und permanent – mit welchen Mitteln auch immer – um sich schlagen? Eine durchaus berechtigte Frage.

Lassen Sie sich vom kriegerischen Vokabular jedoch nicht allzu sehr beeindrucken. Längst geht es in der Rhetorik und auf dem Gebiet der Schlagfertigkeit nicht mehr darum, den Gegner mit aller Gewalt niederzuzwingen und um jeden Preis als der Siegreiche aus dem Schlagabtausch hervorzugehen. Was zählt, ist, das richtige Wort zur rechten Zeit parat zu haben, als Persönlichkeit durch geistige Beweglichkeit zu glänzen. Schlagfertigkeit bringt frischen Wind in die Sache. Schlagfertigkeit bedeutet, einen souveränen Auftritt zu haben und sich Raum zu verschaffen. Raum für Ihre Kreativität und Spontaneität. Schlagfertigkeit hilft Ihnen, Angriffe elegant und mit Esprit abzuwehren, Ihre Kommunikation farbiger zu gestalten, ja sogar andere Menschen zu begeistern. Und: Schlagfertigkeit darf, ja soll sogar Spaß machen!

Schlagfertigkeit: ein Spiel – kein Kampf

Wer schlagfertig ist, begibt sich nicht mehr ins wilde Kampfgetümmel, sondern eher in einen sportlichen Wettstreit. Können Sie sich vorstellen, dass es anregend und mit Freude verbunden sein kann, sich mit einem ebenbürtigen Gegner – oder besser: Partner – zu messen? Haben Sie Lust auf einen Schlagabtausch? Schlagfertigkeit ist im Spiel, wenn in einem Gespräch die Bälle nur so hin- und hersausen, wenn sich beide Seiten zu immer ausgefeilteren Spielzügen anregen. Und Schlagfertigkeit zeigt sich auch, wenn Ihnen der passende Spruch für jene schnippische Telefonistin einfällt, während Sie diese noch an der Strippe haben.

Es ist nicht nur der Sieg, der Ihnen ein Lächeln aufs Gesicht zaubert, es ist die Freude an der eigenen Leistung, am eigenen Vermögen, rechtzeitig und präzise das treffende Wort zu finden. Es ist die Schlagfertigkeit selbst, die für sich genommen Freude bereitet – genau wie ein gutes Tennis-Match. Und dabei ist es manchmal sogar egal, ob Sie gewinnen oder verlieren. Das gilt im besten Falle natürlich für beide Parteien. Eine gelungene, stilvolle Replik kann dem Partner unter Umständen sogar schmeicheln, denn sie hebt die Qualität des Gesprächs und der Beziehung.

Soweit die Theorie. Im praktischen Alltag wird Schlagfertigkeit dann allerdings doch zumeist angewandt, um ein bestimmtes Ziel zu erreichen, und eben nicht nur aus reinem Spaß an der Freude. Nicht umsonst tummeln sich auf dem Markt unzählige Ratgeber zu diesem Thema, prall gefüllt mit allerhand Tipps und Tricks, die Ihnen helfen sollen, Ihre Schlagfertigkeit zu trainieren und Sie so im Beruf erfolgreicher und im Privatleben zufriedener zu machen. Und auch das Buch, das Sie gerade in den Händen halten, widmet sich diesem Thema nicht nur zur persönlichen Erbauung.

Dem Bockshorn ein Schnippchen schlagen

Viele Leser haben den Wunsch, schlagfertig zu sein und souverän und anspruchsvoll zu kommunizieren. Viele wollen auch in schwierigen Situationen oder unter Druck eloquent und selbstsicher auftreten – eine der besten Voraussetzungen, um Menschen zu begeistern. Und wer möchte nicht gerne andere in seinen Bann ziehen? Schlagfertigkeit ist ein gutes Mittel, um sich von der grauen Masse abzuheben und sich selbst hin und wieder ins Rampenlicht zu rücken. Schlagfertigkeit hilft, geschickt auf sich aufmerksam machen, einen guten Eindruck zu hinterlassen und mit Persönlichkeit zu punkten.

Menschen, die auf diese Weise in Erscheinung treten, werden positiv von anderen wahrgenommen und erfahren deutliche persönliche Wertschätzung. Sie entwickeln ein gesundes Selbstvertrauen und treten gern einmal aus der zweiten Reihe heraus. Auch in angespannten Situationen behalten sie die Nerven und können, wenn es darauf ankommt, anderen etwas entgegenhalten, denn sie lassen sich nicht so ohne weiteres *ins Bockshorn jagen*[4]. Ein gewisses Risiko schreckt sie nicht ab. Und weil sie im entscheidenden Augenblick auch einmal spontan und ohne falsche Zurückhaltung ihrer Intuition folgen, sind sie anderen oft den einen wichtigen Schritt voraus. Kennen Sie solche Menschen? Bewundern Sie nicht auch, mit welcher Spontaneität, Kreativität und Selbstsicherheit diese Menschen an Situationen herangehen? Es sind wohl diese drei Eigenschaften, die wir am stärksten mit Schlagfertigkeit in Verbindung bringen. Und deshalb möchte jeder gerne schlagfertig sein.

Und wie steht es mit Ihnen? Sie sind sicher nicht weniger intelligent und geistreich als Ihr Nachbar, der auf jeder Gartenparty mit flotten Sprüchen brilliert und auch die hundertste Lobrede auf seine Ehefrau originell und liebenswert

---

[4] *Sich ins Bockshorn jagen lassen.* Diese Redewendung ist seit dem 15. Jahrhundert überliefert, ihr Ursprung aber nicht sicher geklärt. Möglicherweise geht sie zurück auf das Haberfeldtreiben (eigentlich: Ziegenfelltreiben), einem früher üblichen Rügegericht. Dabei wurde der Übeltäter zur Strafe in ein Ziegenfell gesteckt und herumgetrieben. „Bockshorn“ wäre dann eine Umdeutung des mittelhochdeutschen hame (= Hülle) zu bockes hamo (= Ziegenfell).

inszeniert. Sicher denken Sie auch nicht langsamer als Ihre Kollegin, die Einwände – egal ob von Kunden oder Vorgesetzten – stets mit Leichtigkeit und Witz pariert. Und bestimmt haben Sie mindestens genauso viel Esprit wie der charmante Pressesprecher, der jedes Mal aufs Neue mit seinen klugen und sympathischen Entgegnungen auf kritische Fragen überrascht. Und doch scheint Ihnen das letzte Quäntchen – wovon auch immer – zu fehlen, um ebenso schlagfertig agieren und reagieren zu können.

Dieses letzte Quäntchen ist nichts Magisches, kein heiliger Gral, keine spektakuläre Geheimwaffe. Letztlich steckt es in jedem Menschen – manchmal mehr, manchmal weniger im Verborgenen. Nur zögern viele, es zu entdecken. Vielleicht ist es einfach nur die Befürchtung, sich zu weit aus dem Fenster zu lehnen, die uns davon abhält, unser ganzes Potenzial zu nutzen. Auch falsch verstandene Höflichkeit kann unsere geistige Flexibilität und unseren Einfallsreichtum blockieren. Oder wir lassen uns in bestimmten Situationen von anderen charismatischen und offensiven Persönlichkeiten zu sehr einschüchtern. Und manche vernachlässigen ganz einfach nur das tägliche Training für den fantasie- und lustvollen Umgang mit unserer Sprache und beachten gar nicht, was alles möglich wäre.

Nichts ist unmöglich …

Unsere Sprache hält einen unerschöpflichen Schatz für uns bereit. Und dabei geht es längst nicht nur um die Vermittlung von Inhalten, um flotte Sprüche oder spitzfindige Antworten. Unsere differenzierte und komplexe Sprache erlaubt uns, allerfeinste Nuancen zu unterscheiden, abenteuerlichste Assoziationswege zu beschreiten, emotional ergreifende Bilder zu kreieren und wagemutige Fantasien zu entwickeln. Für ein und denselben Gedanken lässt sich in unserer Sprache eine Vielzahl unterschiedlicher Formulierungen finden, je nachdem, welche Farbe wir der Aussage geben wollen. Wir haben die freie Auswahl! Wir müssen sie nur nutzen!

Der Weg über einen persönlichen Zitatenschatz, wie er Ihnen hier vorgestellt wird, ist eine mögliche Variante, um Ihre Fähigkeiten im Umgang mit der Sprache zu erweitern und Ihr schlummerndes Schlagfertigkeitspotenzial zu erwecken. Dieses Buch soll aber keineswegs nur eine mehr oder weniger lose Zitatensammlung darstellen, die Sie mühselig auswendig lernen und dann bei passender Gelegenheit nutzen. Viel wichtiger ist, dass Sie in der Auseinandersetzung mit den Zitaten und den Beispielen entdecken, wie frei und unbeschwert Sie mit Worten und Sätzen spielen können. Zitate geben Ihnen nicht bloß konkrete Worte an die Hand, sie geben Ihnen darüber hinaus unwiderstehliche Impulse zum Weiterdenken, zum Weiterspielen und zum Kreieren eigener Ideen. Und viel mehr brauchen Sie eigentlich nicht, um dem französischen Geist auf der Treppe *ein Schnippchen zu schlagen.*[5]

- In diesem Buch werden Sie viele Beispiele aus unterschiedlichen Lebensbereichen finden. So können Sie auf anschauliche und unterhaltsame Weise entdecken, wie das passende Zitat der Situation die Würze und den Schwung verleiht, die sich so viele Menschen in ihrer alltäglichen Kommunikation wünschen.
- Bei der Umsetzung der beschriebenen Ideen helfen Ihnen konkrete Hinweise und Handlungsanweisungen.
- Und das Beste: schon während der Lektüre kreieren Sie Stück für Stück Ihren ganz individuellen Zitatenschatz.

Die Kehrseite der Medaille

Doch Schlagfertigkeit hat auch eine dunkle Seite. Mithilfe der Schlagfertigkeit ist es möglich, andere Menschen zu manipulieren, zu beschämen, bloßzustellen oder auch zu beherrschen. Wer besonders gewitzt oder skrupellos ist, wird vermutlich ohne große Mühe andere Menschen mit seiner Schlagfertigkeit an die Wand spielen können. Dumme Sprüche, Ignoranz, so genannte Killerphrasen, Frechheiten oder sogar Beleidigungen und massive Provokationen sind die gängigen Waffen auf diesem Turnierplatz. Auf den folgenden Seiten erfahren Sie mehr über diese doch sehr fragwürdigen Methoden.

---

5 *Jemandem ein Schnippchen schlagen*: Diese Redewendung geht zurück auf das Schnippen oder Schnalzen mit den Fingern, mit dem man früher Spott oder Verachtung ausdrückte.

Vom verbalen Tiefschlag zur echten Schlagfertigkeit

Ich weiß nicht, wie es Ihnen geht, aber mit den ungestümen Hau-drauf-Methoden oder den kniffligen Techniken aus dem schaurig-schönen Gruselkabinett der tausend guten Ratschläge kann ich persönlich nur wenig anfangen. Diese zielen entweder so klar unter die Gürtellinie, dass man seinen Gesprächspartnern danach nicht mehr in die Augen sehen mag, oder sie entziehen sich ganz einfach einer sinnvollen praktischen Anwendung, weil sie viel zu kompliziert sind und meist nur oberflächlich wirken. Andere Strategien wiederum verlieren sich in kunstvollen, aber nutzlosen Sticheleien, die im besten Falle gerade noch von Eloquenz und einem gewissen Bildungsgrad zeugen. Doch auch hier ist von wirklicher Schlagfertigkeit kaum etwas zu spüren. Im Folgenden finden Sie Interessantes, Fragwürdiges und Erschreckendes zu den Wegen die zur „Schlagfertigkeit" führen sollen …

Schlagfertigkeit durch Hau-drauf-Methoden

Überraschenderweise scheinen für viele Ratgeber Unverschämtheiten, Brachialmethoden und Frechheiten kein Problem darzustellen. Im Gegenteil: Immer wieder wird propagiert, wie wichtig es doch sei, auch einmal tüchtig auszuteilen. Gerade Frauen dürfen in entsprechender Literatur diesen Ratschlag immer wieder lesen. „Frechheit siegt" oder „Wer frech ist, gewinnt" – das sind gängige Schlagworte in diesem Zusammenhang. Im richtigen Augenblick eine freche, originelle Antwort auf den Lippen zu haben oder auch mal eine unverschämte und witzige Bemerkung zu wagen bedeutet hier Schlagfertigkeit. Ich muss gestehen, ich bin verwundert. Wie kann man eine halbwegs kultivierte Kommunikation aufrechterhalten, wenn der verbale Tiefschlag nur noch nach der Höhe seiner Trefferquote beurteilt wird und nicht nach seinen Folgen für unser Gegenüber und für die zwischenmenschliche Beziehung? Die Devise lautet hier: *Nach mir die Sintflut!* Nur der siegreiche Schlag mit der Verbalkeule zählt. Und der sitzt manchmal richtig gut.

Und danach? Lösen sich Gegner und Situation gleichsam in Luft auf? Mitnichten. Gerade im Berufsleben – aber selbstverständlich auch in privaten Kontexten – führen verbale Unverfrorenheit oder gar Boshaftigkeit zu wirklich ernsthaften Problemen und Konflikten. Damit verpuffen alle positiven Effekte einer schlagfertigen Antwort im Handumdrehen. Wer es an Respekt mangeln lässt und seine Gesprächspartner bloßstellt, verspielt sämtliche Sympathien und letztlich auch seine Souveränität. Das eigene Image wird massiv beschädigt, und die Situation droht zu eskalieren – und das ist ja wohl das Gegenteil von dem, was Schlagfertigkeit bewirken sollte.

Schlagfertigkeit durch Kampfrhetorik?

Die Kampfrhetorik verfolgt ein ganz klares Ziel: Es geht ausschließlich darum, die eigene Meinung durchzusetzen, wenn es sein muss, auf *Biegen und Brechen*[6]. Dabei setzt sich die Kampfrhetorik ganz bewusst über Normen und Regeln der üblichen Rhetorik hinweg, um Grenzen zu überschreiten. Grenzen werden in der Kommunikation beispielsweise durch Höflichkeit und Fairness gesetzt. Deshalb verzichtet die Kampfrhetorik gern einmal auf diese lästigen Beschränkungen und bedient sich auch unfairer Mittel.

Wertvolles Instrument im verbalen Streit sind hier das Ausloten und Ausnutzen der kommunikativen oder auch persönlichen Schwächen des Gesprächpartners, der auch schon mal als „lästiger Konkurrent“ bezeichnet wird. Wichtig ist, dass sich der schwächere Gegner im Zweifelsfalle wenigstens publikumswirksam in die Flucht schlagen lässt. Dabei sollen die eigenen Schwächen und Unsicherheiten natürlich möglichst verborgen werden, um selbst keinerlei Angriffsfläche zu bieten.

Die Methoden der schlagfertigen Abwehrtechniken zielen in der Kampfrhetorik vor allen Dingen auf Ablenkung, Aus-

---

[6] Diese Redewendung bezieht sich auf die Tatsache, dass sich bestimmte Bäume oder Pflanzen biegen lassen, andere dagegen brechen, und dass auch die biegsamen Bäume und Pflanzen brechen, wenn man sie zu stark biegt.

weichen und Zeitgewinn. Die inhaltliche Klärung der Sache scheint keine Rolle zu spielen. Entscheidend ist und bleibt, dass man selbst Recht hat beziehungsweise Recht bekommt. Insgesamt kommt selbstverständlich das ganze Repertoire des kämpferischen Vokabulars zur Anwendung. Da geht es um „Kampfeslaune“, um „Schlachtpläne“, um „Macht“, um den „Sieg“, den „Gegner“ und dergleichen mehr. Schwere Treffer und mögliche Verletzungen des Gegenübers werden als positive Wirkung empfohlen – und von der wirklich schonungslosen Verbalkeule wird nur deshalb abgeraten, weil sie möglicherweise einen ebenso schonungslosen Gegenschlag herausfordert. Die feineren und diffizilen Waffen der Schlagfertigkeit und der Rhetorik werden hingegen als zu anspruchsvoll und vor allen Dingen zu aufwendig abgelehnt. Ignoranz, Lügen, aggressive Körpersprache, Killerphrasen, provokative Abwertung des Themas und ähnliche Mittel seien dagegen als einfach anzuwendende Werkzeuge zu betrachten und somit uneingeschränkt empfehlenswert.

Als besonders wirksam wird zum Beispiel die Emotionalisierung des Gesprächs vorgeschlagen. Wer den Gegner aus dem emotionalen Gleichgewicht bringen kann, hat nämlich gute Chancen, den Kampf zu gewinnen. Auch das konsequente Unterbrechen des Gegners solle man sich als guter Kampfrhetoriker aneignen, als Vorbild dafür könne man die diversen politischen Talkrunden heranziehen. Hier wird diese Taktik in Perfektion angewandt, um möglichst deutlich Macht und hohen Status zu demonstrieren.

So sollen Sie zum Beispiel den Gegner sofort unterbrechen, wenn er ein Argument anführt, das Sie in Bedrängnis bringen könnte, und ebenso unverzüglich widersprechen, wenn Sie anderer Meinung sind als er. Auch sei es hilfreich, sämtliches kommunikationsförderndes Verhalten zu vermeiden, wie beispielsweise Signale, die den Eindruck von Zustimmung oder von aufmerksamem Zuhören vermitteln. Stattdessen sollten Sie Ihr Gegenüber lieber mit nervtötenden Warum-Fragen ganz gezielt bearbeiten und irritieren. Wenn es die Situation hergibt, können Sie den Kontrahenten ruhig auch einmal auslachen oder ihm applaudieren, wenn er Ihrer eigenen Argumentation zuarbeitet.

Und als wahre Königsdisziplin wird in der Kampfrhetorik die Manipulation bezeichnet. Sie ist der Garant dafür, dass der persönliche Erfolg durchgesetzt wird. Dabei wird keine Rücksicht auf Verluste genommen, und um eine sachliche und funktionale Lösung oder Einigung geht es sowieso schon längst nicht mehr.

Zur allgemeinen Verteidigung der Methoden der Kampfrhetorik wird immer wieder angeführt, dass uns das „Gutmenschentum" gerade im Berufsleben einfach nicht weiter bringt, dass Fairness und Höflichkeit zwar ganz nett und wünschenswert sind, jedoch im Zweifelsfalle aus uns nur Verlierer machen. Wer sich durchsetzen will, muss andere Saiten aufziehen und darf sich dann von den ungewohnten Tönen nicht erschrecken lassen – doch diese Tonlage ist nun einmal erschreckend …

Schlagfertigkeit durch Rabulistik?

Auch die Rabulistik wird manchmal zu Rate gezogen, wenn es um Schlagfertigkeit geht. Diese Strategie geht zwar etwas feinsinniger vor als die Kampfrhetorik, die Ergebnisse unterscheiden sich jedoch nur geringfügig. Spitzfindigkeiten und geschickte Wortverdreherei sind die Instrumente der Rabulistik, um Argumente, Inhalte, Tatsachen oder Ideen so darzustellen, wie sie der eigenen Argumentation am zuträglichsten sind. Dabei darf die Wahrheit auch schon mal ein wenig außer Acht gelassen werden, um das gewünschte Ergebnis zu erzielen. Letztlich geht es auch hier in erster Linie um den rhetorischen Sieg. Eine inhaltliche Auseinandersetzung oder gar Lösung steht erst an zweiter Stelle.

Schlagfertigkeit durch schwarze Rhetorik?

Die schwarze Rhetorik geht noch einen Schritt weiter. Hier wird die Manipulation zum Prinzip erklärt. Die schwarze Rhetorik provoziert gezielt Missverständnisse und greift auf alle erdenklichen manipulierenden, rhetorischen, dialektischen oder rabulistischen Kniffe zurück, um das Gespräch und die Gesprächspartner zu führen, zu lenken und zum angestrebten

Ergebnis zu bringen. Im Zweifelsfalle wird so lange aneinander vorbeigeredet, bis man selbst auf jeden Fall Recht behält – ganz gleich, ob man gute Argumente hat oder nicht. Inhaltliche Argumente spielen hier nämlich überhaupt keine Rolle. Im Gegenteil: Gerade wenn man keine hat, soll diese Art der Rhetorik weiterhelfen. Eine lösungsorientierte Auseinandersetzung wird sogar als lästig bezeichnet, weil dabei der Spaßfaktor viel zu kurz käme und kein Raum für taktische und strategische Spielchen bliebe. Außerdem gäbe es gar keine richtigen Gewinner und Verlierer, keinen Sieg und keine Niederlage.

Es deutet sich bereits an: Die schwarze Rhetorik geht keineswegs zimperlich vor. Konsequent reizt sie aus, was auf rhetorischer und sprachlicher Ebene an Möglichkeiten zur Verfügung steht. Sie ist demagogisch, dominant – und auf die Gesprächspartner wird keinerlei Rücksicht genommen. Nur der Sieg zählt, und die „Wunden" des Gegners sind nichts weiter als der Nachweis für die eigene Trefferquote.

Dass Wahrheit und Lüge, Informieren und Verschweigen häufig sehr nah beieinander liegen, deutet die schwarze Rhetorik überdies als klaren Vorteil. Hier bieten sich Spielräume und Möglichkeiten, das Gespräch und die Gesprächspartner in die gewünschte Richtung zu lenken. So wird zum Beispiel geraten, Ideen und Argumente des Gegenübers erst einmal prinzipiell abzuwerten, sie als irrelevant, bloß theoretisch oder sinnfrei zu diskreditieren und abzuschmettern. Entwickelt ein Gespräch dann doch einmal komplexere Argumentationsverläufe oder konstruktive Gedankengänge, sollte man diese ohne zu zögern mit einer schlagfertigen Killerphrase beenden, um nicht in die Lage zu kommen, ernsthaft argumentieren zu müssen. Ebenso wenig sollte man Fragen des Gesprächspartners direkt beantworten. Denn das würde den Eindruck erwecken, die Fragen hätten eine Legitimation. Stattdessen ist es ratsam, durch Nachfragen – zu bestimmten Begriffen, der Intention und dergleichen – vom eigentlichen Inhalt abzulenken. Oder Sie interpretieren die Frage einfach so lange, bis sie wieder in Ihr eigenes Konzept passt. Dazu können Sie in Ihrer Erwiderung auch den Fokus einfach verschieben, sodass die Antwort mit der Frage eigentlich nichts mehr zu tun hat und stattdessen zu Ihren eigenen Ansichten zurückführt. Und einen zusätzlichen wirkungsvollen Treffer beim Gegner landen Sie, wenn Sie die Frage gleich als Beweis für die Inkompetenz Ihres Gegenübers darstellen.

Auch die schwarze Rhetorik geht davon aus, dass Höflichkeit, Fairness und Wahrheit einen nicht immer ans Ziel bringen, dass es manchmal eben nur auf die „harte Tour" geht. Den Schaden, den dieses Vorgehen verursacht, kalkuliert sie bewusst mit ein.

Das Grundproblem aller „Hau-drauf-Methoden"

Das Problem aller gerade genannten Methoden lässt sich in einem Gedanken zusammenzufassen: Strategien, deren Erfolg auf Kosten des Gegenübers geht, beschädigen massiv die Beziehung zwischen den Beteiligten und klären nichts in der Sache. Und das ist der Punkt, an dem jeder selbst entscheiden muss, ob er das für einen rhetorischen Sieg in Kauf nehmen will oder nicht.

So wie der Rhetorik, die auf Fairness und Höflichkeit setzt, häufig der Vorwurf gemacht wird, sie gehe an den nicht immer fair zu behandelnden Anforderungen und Konflikten in der Praxis vorbei, müssen sich die Hau-drauf-Methoden den Vorwurf gefallen lassen, dass sie in den überwiegenden Fällen keinerlei Auskunft darüber geben, was man eigentlich tun soll, wenn man den Gegner schließlich rhetorisch zu Boden gerungen hat. Das Gespräch ist ja nicht vorbei, bloß weil man eine kühne, schlagfertige Replik angebracht hat. Und nur in den allerseltensten Fällen wirken so genannte Schachmatt-Techniken, die den Gegner wirklich sprachlos machen. Außerdem ist es durchaus fraglich, ob so etwas überhaupt wünschenswert ist. Was nützt mir denn ein rhetorischer Sieg, wenn der Besiegte hinterher nichts mehr mit mir zu tun haben will und wenn der Gegenstand der Auseinandersetzung weiterhin ungeklärt bleibt? Und wie wird sich so ein Schlagabtausch wohl entwickeln, wenn beide Seiten die schwersten Geschütze auffahren? Sie können es sich wahrscheinlich lebhaft vorstellen …

Natürlich gibt es im privaten und selbstverständlich auch im beruflichen Umfeld immer wieder Situationen, in denen kommunikative Fairness auf den ersten Blick nicht weiterhilft.

Sei es, weil der Gesprächspartner selbst zu unfairen Mitteln greift oder sich die Situation dermaßen zugespitzt hat, dass eine Lösung nur noch durch einen rhetorischen Gewaltakt möglich scheint. Doch wenn wir uns an dieser Stelle auf eine unfaire Auseinandersetzung einlassen, wird erstens die konkrete Situation eskalieren und zweitens nicht der Inhalt, sondern nur noch die Beziehung zwischen den Beteiligten verhandelt. Darüber hinaus werden wir auf diese Art die Gesprächskultur in einer Weise prägen, die langfristig nur Nachteile mit sich bringen kann. Und wer möchte schon ein kommunikatives Umfeld etablieren, in dem man in Gesprächen ständig auf der Hut vor Angriffen, Unfairness und Manipulation sein muss? Ein Klima, in dem die Inhalte hinter den persönlichen Sieg zurückgestellt werden? In dem die Niederlage des Gegners mehr zählt als eine gute Beziehung zueinander?

Mit Sicherheit ist eine Schlagfertigkeit, die fair und konstruktiv vorgeht, die den Gesprächspartner nicht verwunden, sondern überzeugen will, und die mit Witz sowie Charme die Beziehung positiv beeinflusst, aussichtsreicher und auch auf lange Sicht wirksamer. Und das ist mehr als nur eine Frage des Stils. Ganz abgesehen davon, dass es weitaus angenehmer ist, mit seinen Mitmenschen fair zu kommunizieren – und gegebenenfalls zu streiten –, als aggressiv und verbissen jeden Konflikt um jeden Preis gewinnen zu wollen.

Schlagfertigkeit durch Rezepte aus der Trickkiste

Betrachtet man die Titel der Bücher, die sich mit dem Thema Schlagfertigkeit befassen, so wird man den Eindruck nicht los, es müsse sich dabei eigentlich um eine recht einfache Sache handeln. Auf vielen Buchtiteln finden sich marktschreierisch angebotene Patentrezepte, die Schlagfertigkeit mit Geling-Garantie versprechen: „Zum Gipfel der Schlagfertigkeit – Die 101 besten Tricks“, „Wunderwaffe Schlagfertigkeit – Nie wieder Verlierer sein“, „Frech gewinnt – Frauen und Schlagfertigkeit“ oder auch „Wie Schlagfertigkeit Ihnen Macht verleiht – Ihr persönlicher Schlachtplan“. Doch schon die Anzahl dieser Bücher deutet darauf hin, dass es so einfach dann wohl doch nicht sein kann, dass es kein Patentrezept gibt. Sich Schlagfertigkeit anzueignen beziehungsweise die eigene Schlagfertigkeit zu trainieren ist ein Prozess, der nicht von heute auf morgen vollzogen werden kann. Es ist Arbeit an der eigenen Persönlichkeit – und die fällt niemandem leicht.

Technik bleibt Technik

Ein grundlegendes Manko vieler Techniken ist, dass sie – egal wie raffiniert sie auch seien mögen und wie dynamisch ihre Namen klingen – doch stets nur Techniken bleiben. Techniken als bewährte Verfahrensweisen, die eine bestimmte Funktion haben[7] und wiederholt erfolgreich angewendet werden können. Aus einem bestimmten Vorgehen resultiert ein bestimmtes gewolltes Ergebnis. Damit sind Techniken jedoch im Prinzip das Gegenteil von Überraschung. Und was bleibt von der Schlagfertigkeit, wenn der Überraschungseffekt fehlt? Wahrscheinlich wenig, denn der überraschende Gedanke, die Wendung im Denken, die Vermutungen und Erwartungen bricht, sind wesentliche Momente der Schlagfertigkeit. So können Schlagfertigkeitstechniken letztlich nur wirksam werden, wenn sie nicht mehr als Techniken zu erkennen sind, wenn das zugrunde liegende Schema nicht offen zutage tritt. Wenn der Zuhörer nämlich bemerkt, dass Sie in Ihrer Entgegnung eine trainierte Technik anwenden, dann sind Sie aufgeflogen und entlarvt – und schon ist es um die Schlagfertigkeit geschehen.

Handlungsanweisungen – bloße Verschnaufpausen?

Oftmals sind die vorgestellten schlagfertigen oder abwehrenden Reaktionsweisen auch einfach nur Handlungsanweisungen, die das momentane Verhalten betreffen. Sie ändern meist jedoch nichts an der Situation selbst und schon gar nichts an der Fähigkeit eines Menschen, auf verbale Angriffe schlagfertig zu reagieren. Sie bewirken keine inhaltliche Klärung, entschärfen keine Konfrontationen und wirken nicht über den Moment hinaus.

---

[7] Vgl. Nöllke, Matthias: *Schlagfertigkeit. Das Trainingsbuch*, Seite 12f.

So wird im Falle eines Konflikts beispielsweise schon einmal geraten, sich aus der Schusslinie zu begeben, indem man die eigene Position im Raum und zum Gegenüber verändert. Das kann im besten Falle natürlich dazu führen, dass sich die Lage für einen Augenblick etwas entspannt und Sie Zeit haben, kurz durchzuatmen, doch an der ursprünglichen Situation ändert dies wohl kaum etwas. Oder können Sie sich vorstellen, dass Ihr Gegenüber vom Streit ablässt, weil Sie zwei Schritte nach links gegangen sind? Das wäre doch sehr überraschend, denn Ihre Reaktion hätte rein gar nichts mit dem Inhalt zu tun, der verhandelt wird. Sie bliebe eine vollkommen äußerliche Handlung, die den Gegenstand der Auseinandersetzung selbst überhaupt nicht betrifft.

Ähnliches lässt sich zu einem Ratschlag sagen, der helfen soll, wenn man selbst einmal ratlos ist und nicht weiß, was man erwidern soll. Dann käme es angeblich darauf an, möglichst intelligent auszusehen und eine typische „Denkerpose“ einzunehmen, um zu zeigen, dass man gerade dabei sei, nachzudenken. Man solle also die Stirn in Falten legen oder die Hand zum Kinn führen, die Arme vor der Brust verschränken … Aber ist Ihnen schon einmal vom So-tun-als-ob eine wirklich intelligente und schlagfertige Antwort eingefallen? Mir leider noch nie! Und wenn ich schon intelligent aussehe, dann darf mein Gegenüber wohl auch eine intelligente Erwiderung erwarten. Doch wo soll diese auf die Schnelle herkommen, wenn ich in erster Linie damit beschäftigt bin, möglichst cool und nachdenklich auszusehen?

Solche und ähnliche Ratschläge finden sich vielerorts. Ihnen gemeinsam ist, dass das eigentliche Problem (der Inhalt des Vorwurfs oder des Angriffs, die Konfrontation ...) in der Regel gar keine Berücksichtigung findet, sondern bloß eine äußerliche Handlung vorgeschlagen wird.

Warum Patentrezepte Sie nicht weiterbringen

Wie Sie gesehen haben, können derartige Vorgehensweisen zwar kurzfristig Wirkung zeigen, jedoch tragen sie nicht dazu bei, das eigentliche Problem beziehungsweise den Konflikt zu lösen – ganz im Gegenteil. Der Grund: Sie dringen nicht zum

Kern der Sache vor. Damit bleibt auch die Lösung immer nur oberflächlich und somit kurzfristig. Auf lange Sicht wird es Ihnen wenig nutzen, ein paar äußerliche Verhaltensweisen zu ändern oder anzunehmen, wenn Ihre Persönlichkeit dahinter sich nicht auch verändert. Mehr als auf die einzelne konkrete Technik kommt es nämlich auf die persönliche Einstellung an, wenn es um Schlagfertigkeit geht. Hier sind Entwicklungen notwendig und fruchtbringend.

Schlagfertigkeit durch Zitate und Anekdoten

Mit Zitaten beschreiten Sie einen anderen Weg. Zwar geben sie Ihnen im ersten Schritt auch nur einige wenige Antworten an die Hand, die Sie bei Bedarf nutzen können, gehen dann aber sehr viel weiter. Zitate sind äußerst nützlich, um den eigenen Umgang mit Sprache zu erweitern, und sie schärfen Ihr Bewusstsein für Inhalte, Situationen und Konstellationen. Sie bereichern und hinterfragen Ihr Denken, lassen Bilder und Emotionen entstehen, können Aggressionen und Konflikte abmildern und haben – weil sie häufig von anerkannten Persönlichkeiten stammen – oft schon für sich allein eine große Überzeugungskraft. Darüber hinaus helfen sie, schwierige oder peinliche Situationen zu bewältigen, und bringen andere zum Lachen und Nachdenken.

Mit Zitaten schlagfertig zu sein ist eine Methode, die nicht auf reine erlern- und anwendbare Techniken setzt, sondern auf die Entwicklung und den Ausbau Ihrer individuellen sprachlichen Fähigkeiten. Das Ziel ist, sich in der verbalen Auseinandersetzung konsequent auf den Inhalt zu konzentrieren, statt auf der formalen Oberfläche mit Tricks zu operieren.

Von Zitaten und Nonsens-Antworten

In vielen Ratgebern zur Schlagfertigkeit werden Zitate und Sprichwörter jedoch meist nur als effektives Mittel genannt, um Verwirrung zu stiften. Sie sollen als Nonsens-Antworten herhalten, um den verbal Angreifenden zu überraschen und zu irritieren. Dazu werden die Zitate gezielt so ausgesucht, dass sie absolut nichts mit der Aussage des Gegenübers zu tun haben und ihn vor ein unlösbares Rätsel stellen. Beispiele dafür lauten etwa wie folgt:

ANGRIFF: Das verstehen Sie also unter Pünktlichkeit?
REPLIK: Wissen Sie, schon Konfuzius sagte: *Wer am falschen Faden arbeitet, zerstört das ganze Gewebe.*

ANGRIFF: Ich dachte, ich könnte Ihnen vertrauen.
REPLIK: Meine Großmutter sagte immer: *Alte Vögel sind schwer zu rupfen.*

ANGRIFF: Du denkst doch wieder nur an dich selbst.
REPLIK: *Die Krähe singt so lieblich wie die Lerche, wenn man auf keine lauscht.* Das kann man schon bei Shakespeare lesen.

Wenn Sie wissen, wohin das führen soll, schreiben Sie mir bitte! Ich bin einigermaßen ratlos. Angeblich soll der Gesprächspartner so zum Grübeln gebracht werden, weil er versucht, einen Zusammenhang zwischen seinem Angriff und Ihrer Entgegnung zu finden. Das verschafft Ihnen Zeit und einen strategischen Vorteil, weil Sie den Ball umgehend zurückgespielt haben. Nun gut, im günstigsten Falle wird Ihr Gesprächspartner vielleicht etwas grübeln. Und dann? Es muss dann doch irgendwie weitergehen. Vieles ist denkbar: Entweder wird der Ton schärfer, weil Ihr Gegenüber Ihre Antwort als Dreistigkeit empfindet, oder das Gespräch endet ohne Ergebnis, weil Sie Ihren Gesprächspartner so aus dem Konzept gebracht haben, dass er das Gespräch abbricht. Vielleicht ignoriert er auch einfach, was Sie gesagt haben, weil es ihm nur absurd vorkommt, und wiederholt seine Äußerung, womit wir wieder am Anfang wären. Keine dieser Reaktionen brächte irgendeinen Fortschritt. Die einzige positive Reaktion, die ich mir vorstellen könnte, ist, dass Ihr Gesprächspartner Sie für einen ausgemachten Witzbold hält und schallend zu lachen beginnt. Aber ist es das, was Sie beabsichtigen?

Hin und wieder ist auch zu lesen, dass ein solches Nonsens-Zitat helfen soll, nicht nach einer intelligenten Antwort suchen zu müssen – denn das Finden einer intelligenten Antwort würde zu lange dauern, um damit schlagfertig sein zu können. Das ist Unfug. Denn einmal ganz abgesehen davon, dass dumme Antworten nichts mit Schlagfertigkeit zu tun haben, brauchen schlaue Antworten nicht Zeit, sondern vor allem Schnelligkeit und Wendigkeit im Denken. Und die lässt sich mithilfe von Zitaten hervorragend trainieren.

Von passenden und unpassenden Antworten

Passend oder nicht – das ist wohl eines der wichtigsten Kriterien hinsichtlich der Nützlichkeit von Zitaten. Deshalb: Achtung! Ihr Zitat kann noch so wohlklingend, noch so wertvoll, der Autor noch so prominent sein – wenn es nicht zur Situation passt, dann passt es einfach nicht. Und dann ist Ihre Äußerung auch nicht schlagfertig.

Ziehen wir beispielsweise noch einmal Konfuzius zu Rate. Von ihm ist folgender Satz überliefert: *Der sittliche Mensch liebt seine Seele, der gewöhnliche sein Eigentum.* Mit Sicherheit fallen Ihnen auf Anhieb ein oder zwei Situationen ein, in denen dieses zweifelsfrei weise und schöne Zitat eines überaus berühmten Mannes einfach fehl am Platze wäre. Denken Sie beispielsweise an eine Aktionärsversammlung – nur wer alle Anwesenden provozieren möchte, sollte sich hier dieses Zitats bedienen.

Von Klischee-Antworten

Doch nicht nur die Gefahr, inhaltlich danebenzuliegen, erschwert die Anwendung von Zitaten. Es besteht stets auch die Gefahr, ein Zitat zu gebrauchen, das schon allzu abgenutzt ist und nur noch Klischees bedient, oder dass Sie sich im Niveau vergreifen. Auch ein uninteressanter (oder unpassender) Urheber des Ausspruches kann die Wirkung von Zitaten schmälern. Und wenn Sie ein Zitat falsch wiedergeben oder einen falschen Autor nennen, zerstört das nicht nur den Effekt Ihrer Aussage, sondern auch Ihre Glaubwürdigkeit. Das gilt insbesondere für das Erzählen von Anekdoten oder Geschichten, da diese meist weit mehr Raum beanspruchen als ein kurzes Zitat. Dementsprechend sollten Sie noch kritischer prüfen, ob die Stelle wirklich passend ist, ob die Aussage Ihre eigenen Ideen wirklich bereichert und ob der Text selbst eine angemessene Länge hat.

Betrachten wir doch die ewig gleichen Dauerbrenner des allgemeinen Zitatenschatzes einmal etwas genauer. Ob Zeitungsmeldungen, Geburtstagsansprachen oder Grußkarten: Diese abgegriffenen Formulierungen werden im Alltag viel zu häufig verwendet – und natürlich auch immer wieder in Ratgebern zur Schlagfertigkeit. Tausendmal gehört, tausendmal gelesen ...

- *Ohne Fleiß kein Preis.*[8] (Nach Hesiod)
- *Jeder ist seines Glückes Schmied.* (Gottfried Keller)
- *Gott ist tot.* (Friedrich Nietzsche)
- *Was mich nicht umbringt, macht mich stärker.* (Friedrich Nietzsche)
- *Eine Hand wäscht die andere.* (Nach Seneca)
- *Das Kind mit dem Bade ausschütten.*
- *Aller Anfang ist schwer.*
- *Kindermund tut Wahrheit kund.*
- *Reden ist Silber, Schweigen ist Gold.*
- *Gut gebrüllt, Löwe!* (William Shakespeare)
- Und so weiter und so fort ...

Wie reagieren Sie, wenn jemand sich bemüßigt fühlt, in Ihrer Gegenwart einen dieser Dauerbrenner zu zünden? Bestenfalls doch mit höflichem, aber gelangweiltem Weghören. Manche Zitate, Sprüche oder Weisheiten sind einfach derart abgenutzt, dass sie keinerlei Bereicherung mehr darstellen. Keiner will sie mehr hören. Für eine schlagfertige Antwort sind solche Allerweltszitate wirkungslos, weil sie so naheliegend sind, dass keinerlei Überraschungseffekt eintritt. Sie wirken durch ihre Bekanntheit glanzlos und haben kaum noch Überzeugungskraft.

---

[8] Diese verkürzte Variante der Redensart *Vor den Erfolg haben die Götter den Schweiß gesetzt* geht zurück auf Hesiods (um 700 v. Chr.) Lehrgedicht *Werke und Tage*. Hier heißt der Vers 286f.: *Vor den Verdienst setzten den Schweiß die Götter, / die unsterblichen, lang aber und steil ist der Weg zu ihm hin.*

Dennoch sind diese Zitate und Anekdoten für Ihre Schlagfertigkeit nicht vollends verloren. Das wäre auch bedauerlich, denn sie haben auch Vorteile: Sie lassen sich in der Regel problemlos einbinden, weil sie sich nicht mehr fremd anhören, es steht eine relativ große Anzahl von ihnen zu Verfügung und Sie brauchen sich nicht darum zu sorgen, ob sie auch richtig verstanden werden. Zudem haben Sie diese Zitate meist sehr schnell parat, was für Ihre Schlagfertigkeit natürlich sehr hilfreich ist.

Um dem Ganzen nun ein bisschen Glanz zurückzugeben, haben Sie die Möglichkeit, bewusst damit zu spielen, dass es sich um das quasi zwingend erforderliche Zitat an dieser Stelle handelt. Mit einem Augenzwinkern angebracht, können Sie so unter Umständen auch aus einem etwas verschlissenen Zitat noch etwas herausholen.

Darüber hinaus bieten sich gerade diese wohlbekannten Aussprüche für eine kreative Veränderung an. Da sie jedem geläufig sind, können Sie hier relativ frei mit dem Sprach- und Ideenmaterial spielen. Sie können einzelne Teile – manchmal reicht schon ein einzelnes Wort – so abändern, dass ein neuer Kontext oder ein völlig veränderter Sinn entsteht. Solange das ursprüngliche Zitat noch deutlich erkennbar ist, schwingt dessen Aussage immer mit. So lässt sich ein interessantes Spannungsfeld aufbauen. Aus *Reden ist Silber, Schweigen ist Gold* wird dann einfach „Reden ist Gold" und *Kindermund tut Wahrheit kund* wird zu „Kundenmund tut Fehler kund" oder *Gut gebrüllt, Löwe!* zu „Gut gebrüllt, Tochter!" Einen ähnlichen Effekt können Sie erzielen, wenn Sie zwei Zitate miteinander kombinieren (zum Beispiel „Gold oder Silber – das ist hier die Frage" aus Shakespeares *Sein oder Nichtsein, das ist hier die Frage* und *Reden ist Silber, Schweigen ist Gold*). In jedem Falle ist allerdings Kreativität gefragt, um mit einer originellen Idee, die sowohl zum ursprünglichen Zitat als auch zu Ihrer beabsichtigten Aussage passt, zu punkten.

Nach diesem Ausflug in die Untiefen der Schlagfertigkeit, bei dem wir auch schon einige Möglichkeiten und Schwierigkeiten in der Anwendung von Zitaten besprochen haben, geht es nun darum, zu zeigen, wie Zitate und Anekdoten Ihnen konkret zu mehr Schlagfertigkeit verhelfen können.

Ein Zitat sagt mehr als 1000 Worte

Lassen Sie uns dieses Kapitel mit einer kleinen Geschichte beginnen: *Im Haus neben unserem Büro arbeitet offensichtlich eine Frau namens Heidi. Sie ist mir und meinen Mitarbeitern zwar gänzlich unbekannt, aber wir wissen, dass sie eine Kollegin hat, die sie mehrmals in der Woche besucht. Woher wir das wissen? Nun, Heidis Kollegin steht mindestens dreimal die Woche am Straßenrand und ruft aus voller Kehle (Heidi scheint im obersten Stockwerk zu arbeiten) nach Heidi. Sämtliche Mitarbeiter im Büro waren bereits ziemlich genervt und schimpften immer wieder gern sowohl auf Heidi als auch auf ihre Kollegin. Doch vor nicht allzu langer Zeit hat Heidis Kollegin das Ruder beherzt herumgerissen: Mit der uns allen gut bekannten Melodie aus dem weltweit erfolgreichen Zeichentrickfilm um das kleine Mädchen von der Alm und ihren Freund Peter rief sie singend nach unserer Heidi. Wirklich ausnahmslos jeder im Büro lächelte verzückt, schmunzelte angetan – und beiden Damen waren auf der Stelle alle Missetaten der letzten Monate verziehen.*

So einfach kann es also gehen mit Zitaten. Denn natürlich können Sie bei entsprechender Gelegenheit auch Musik und Melodien zitieren. Als Zitat sehr geläufig sind zum Beispiel die Anfangstakte der Titelmelodie des Westerns *Spiel mir das Lied vom Tod* von Sergio Leone oder auch das allseits bekannte Thema aus Beethovens fünfter Sinfonie. Hier braucht es nur drei oder vier Töne, und schon weiß jeder, was gemeint ist.

Auch wenn die Geschichte über unsere Büronachbarin erst einmal wenig mit Schlagfertigkeit zu tun hat, zeigt sie doch, was Zitate prinzipiell leisten können, wie Zitate mit wenig Aufwand große Wirkung erzielen. In diesem Falle einfach deshalb, weil in dieser kleinen Melodie beinahe ein ganzes Universum mitschwingt, dessen Bedeutung auf die Situation wirkt. Sofort sehen wir die friedliche Alm, die beiden Kinder, den gemütlichen Großvater, erinnern uns vielleicht an verregnete Nachmittage unserer Kindheit, die wir mit Heidi und Peter vor dem Fernseher verbracht haben. Zwei Takte Musik wecken hier unsere Emotionen und lassen uns die Situation mit ganz anderen Augen sehen.

Zitate lassen Bilder und Emotionen entstehen. Sie legen Zusammenhänge frei, von denen wir bisher vielleicht noch nicht einmal eine Ahnung hatten. Denn sie bringen neue Aspekte ins Spiel, schlagen unerwartete Bögen, zeigen überraschende Parallelen oder Widersprüche, erweitern den Bedeutungshorizont und die Interpretationsmöglichkeiten. Sie regen zum Nach- und Weiterdenken sowie zum Assoziieren an. Und all das zumeist in sehr komprimierter Form, mit wenigen Worten, die trotzdem all das transportieren können, was hinter dieser einen prägnanten Aussage steht.

Deshalb eignen sich Zitate und Anekdoten hervorragend dafür, der eigenen Schlagfertigkeit Vorschub zu leisten. Und zwar in zweierlei Hinsicht: Gut und sinnvoll platziert entwickeln sie einerseits große Wirkungskraft in der Kommunikation, andererseits können sie helfen, die eigenen kommunikativen und intellektuellen Fähigkeiten zu trainieren und auszubauen.

Zitate und ihre Außenwirkung

Lassen Sie uns einmal die Außenwirkung genauer unter die Lupe nehmen. Eine überragende Stärke von Zitaten und Anekdoten besteht darin, dass sie oft das Wesentliche hinter dem Augenscheinlichen, das Eigentliche hinter dem Konkreten offenbaren und so das Komplizierte oder Komplexe vereinfachen und (wieder) verständlich machen. So beschreibt der immer wieder zitierte Ausspruch *Das Runde muss in das Eckige* des Fußballtrainers Sepp Herberger längst nicht nur die Grundkonstellation eines Fußballspiels, sondern ruft auch jedem Anwesenden zu: Konzentriert euch auf das Wesentliche! Und genau zu diesem Zweck wird er immer wieder verwendet. Wenn es deutlich zu sagen gilt, dass es nun darum gehen muss, sich auf das Eigentliche zu besinnen, zu den Grundideen zurückzufinden, die ursprünglich ganz simpel waren, dann werden nicht selten diese berühmten Worte des Trainers zitiert. Und diese passen eben deshalb haargenau auf solche Situationen, weil sie selbst in ihrer Formulierung und ihrer Aussage auf das Wesentlichste reduziert sind. Nicht mehr als die allernötigsten Worte, simple Begriffe und ein Verb mit einer glasklaren Botschaft – mehr braucht es offenbar nicht.

Dass es gerade diese knappen und klaren Sätze sind, die eine ungeheure Überzeugungskraft freisetzen können, wusste auch der französische Philosoph und Schriftsteller Denis Diderot. Er sagte einmal: *Prägnante Sätze sind wie scharfe Nägel, welche die Wahrheit in unser Gedächtnis hineinzwingen.* Wer kann da schon widersprechen?

Zuerst Spinnweben, dann Drähte

Zitate und Redewendungen können aber auch Sachverhalte oder Zusammenhänge anschaulich machen, indem sie diese bebildern und über die Bilder die Emotionen der Gesprächspartner ansprechen. Und wenn wir etwas emotional erfahren, wirkt es sehr viel eindringlicher, wie wenn nur unser Verstand angesprochen wird. Wir können mithilfe von Bildern konkrete Vorstellungen entwickeln, deren Bedeutung wir leichter, unmittelbarer erfassen als die von Wörtern und abstrakten Ideen.

Ein Beispiel: Ein alltägliches Problem, mit dem jeder hin und wieder zu kämpfen hat, sind festgefahrene Gewohnheiten, im Privatleben genauso wie im Beruf. Je mehr sie sich einschleifen, umso schwieriger wird es, sie aufzugeben. Diesen Wandel des Charakters von Gewohnheiten – von den einfachen Vorstellungen darüber, wie man Dinge eben tut – hin zu festen Entscheidungs- oder Handlungsmustern, die kaum mehr zu durchbrechen sind, und die Gefahr, die damit verbunden ist, beschreibt eine fernöstliche Weisheit in nur einem kurzen Satz: *Gewohnheiten sind zuerst Spinnenweben, dann Drähte.* Wir alle wissen genau, was Spinnweben sind und wie Draht beschaffen ist. Und der Vergleich zwischen beiden verdeutlicht sehr anschaulich, wie es mit der Zeit immer schwerer wird, Gewohnheiten abzulegen. Können wir Spinnweben noch mit einer leichten Bewegung wegwischen oder zerreißen, sind Drähte beinahe unzerstörbar, wenn man kein entsprechendes Werkzeug besitzt. Wenn wir also zu lange an unseren Gewohnheiten festhalten, werden wir sie am Ende nicht mehr aus eigener Kraft auflösen können.[9] Und so wie leichte Spinnweben sind

---

[9] Wie schwierig es schließlich ist, unsere Gewohnheiten wieder loszuwerden, meinte auch schon Mark Twain: *Eine Angewohnheit kann man nicht aus dem Fenster werfen. Man muss sie die Treppe hinunter prügeln, Stufe für Stufe.*

auch Gewohnheiten anfangs kaum spürbar, so dass sie sich manchmal unbemerkt einschleichen können … All diese Aussagen (und noch mehr) stecken in dem einen Satz. Und so ermöglicht uns dieser kurze Satz eine Vielzahl von Einsichten, die wir nicht nur rational verstehen, sondern auch bildlich und emotional begreifen können. Wie schön wäre es doch, wenn es für alles, was wir zu sagen haben, diesen einen prägnanten (und dazu auch noch eleganten) Satz gäbe!

Auf den Schwingen des Adlers

Doch das ist nicht alles, Zitate können noch mehr: Manchmal machen es uns die Worte eines anderen leichter, bestimmte, vielleicht heikle oder gewagte Gedanken auszusprechen – oder schlagfertig zu antworten. Es sind eben nicht unsere eigenen Worte, die dann möglicherweise in der Kritik stehen und uns in die Verantwortung nehmen. Zudem steht uns vielfach auch die Autorität des Urhebers dieser Worte zur Seite. Nutzen Sie diese ruhig! *Denn auf den Schwingen des Adlers ist auch der Sperling König!*

Außerdem können Sie durch das Heranziehen von Zitaten oder Anekdoten eine gewisse Distanz zum konkreten Thema und zur tatsächlichen Situation herstellen. Im Gleichnis, in der Anekdote oder im Zitat wird ja dann eine Situation behandelt, die faktisch weit weg liegt. Erst in der Bedeutung gibt es Gemeinsamkeiten mit dem vorliegenden Fall. Auf diese Weise vermeiden Sie, dass sich Beteiligte, weil sie direkt angesprochen werden, angegriffen fühlen und einer Auseinandersetzung verschließen. Die mögliche persönliche Distanz erleichtert es häufig, kritische Hinweise oder auch Konflikte zu akzeptieren und konstruktiv aufzufassen. Eine schlagfertige Replik wird dann auch nicht gleich als persönlicher Angriff empfunden, sondern im besten Falle als Argument in der Sache. Und so öffnet sich vielleicht auch wieder der Blick für Lösungen oder Perspektiven, die zuvor niemand sehen wollte oder konnte.

Sie haben auf diese Weise die Möglichkeit, Ihren eigenen Standpunkt sehr deutlich zu vertreten und Ihre Überzeugungskraft zu stärken.

Zitate ersetzen nicht das eigene Denken

Es zeigt sich bereits deutlich, dass in der Anwendung von Zitaten wichtig ist, sich wirklich auf die Inhalte der Aussage oder der Auseinandersetzung zu konzentrieren. Denn erst die inhaltliche Wechselbeziehung zwischen Zitat und beabsichtigter Aussage macht die Anwendung eines Zitates sinn- und wirkungsvoll. Deshalb sind Zitate auch kaum dazu geeignet, als beliebige Zaubertricks der Schlagfertigkeit herzuhalten. Sie lassen sich nicht eben mal so aus dem Hut ziehen. Sie brauchen ein gedankliches Fundament, eine inhaltliche Auseinandersetzung. Denn Zitate helfen Ihnen in erster Linie dabei, Ihre eigenen Inhalte auszudrücken und überzeugend zu kommunizieren. Sie geben anderen Menschen einen sehr anschaulichen Eindruck davon, wie Sie die Welt sehen und was Ihnen wichtig ist. Aus diesem Grunde kann die Basis für die erfolgreiche Verwendung von Zitaten für Ihre Schlagfertigkeit letztlich nur in Ihren eigenen Inhalten und Ihren eigenen Erfahrungen liegen. Wenn Sie im Grunde nichts zu sagen haben, helfen große Worte berühmter Persönlichkeiten auch nicht weiter.

Zitate und ihre Innenwirkung

Wie gut, dass die Beschäftigung mit Zitaten auch günstige Wirkung auf Sie selbst hat. Denn wenn Sie sich mit den Worten anderer Menschen befassen, befassen Sie sich gleichermaßen mit deren Sicht der Dinge. Das kann Ihre eigene Gedankenwelt nur bereichern. Wenn Sie lernen, fremde Aussagen, Situationen, Gedanken auf Ihre eigene Lebenswelt zu übertragen und mit sich selbst in Beziehung zu setzen, entstehen neue, individuelle Bedeutungen und kreative Gedankengänge. Das ist die Grundlage für die Fähigkeit, Assoziationen zu entwickeln und so wiederum das eigene Denken und Kommunizieren zu bereichern. Und für echte Schlagfertigkeit ist Assoziationsvermögen unabdingbar.

Dabei kommt es überhaupt nicht darauf an, dass Sie alles gut und richtig finden, was wichtige oder schlaue Menschen irgendwann einmal gesagt haben. Entscheidend ist, dass Sie kennenlernen und erfahren, wie andere Menschen über bestimmte Dinge gedacht haben, wie sie sich verhalten haben, welche Erfahrungen gemacht wurden, welche Zusammenhänge denkbar sind oder auch welche Blinkwinkel zu einer bestimmten Sache eingenommen werden können. Das bringt Vielfalt in Ihr Denken und damit Spielraum für Kreativität und Assoziationen. Und das hilft Ihnen, die Welt und die Menschen – und auch sich selbst – besser zu verstehen. Ganz gleich, ob Sie den Aussagen Ihrer berühmten Vorredner zustimmen oder nicht. Allein der Umstand, dass Sie eine Haltung zu diesen Aussagen einnehmen können, bedeutet einen wichtigen Fortschritt in Ihrer persönlichen und intellektuellen Entwicklung.

Ein echter Turbo für Wortschatz und Ausdruck

Ebenso wichtig sind die Effekte, die eine Auseinandersetzung mit Zitaten auf Ihre Sprache haben kann. Die Auswirkungen sind unter Umständen sehr weitreichend: Der Umgang mit Zitaten erweitert nämlich auf spielerische Weise Ihren aktiven Wortschatz und poliert gleichzeitig Ihre Ausdrucksweise auf, denn überlieferte Zitate leben ja zumeist auch von ihrer originellen, wirkungsvollen und sehr treffenden Formulierung. Außerdem fördert es Ihre Assoziationsfähigkeit und damit auch Ihre sprachlichen Ausdrucksmöglichkeiten, wenn Sie immer wieder neue inhaltliche und sprachliche Verbindungen zwischen bisher Unverbundenem herstellen. So stehen Ihnen für einen bestimmten Sachverhalt auf einmal Vokabeln zur Verfügung, die ursprünglich zu einem ganz anderen Bereich gehörten, jetzt aber Ihre Sprache variantenreicher und vielfältiger machen.

Im Alltag geht dieser kreative und spielerische Umgang mit Sprache jedoch oft verloren, denn hier ist die Kommunikation meist der Effizienz untergeordnet. Ausführliche und mit viel Bedacht formulierte private Briefe sind längst eine Rarität geworden. Stattdessen entwickelt sich im Zuge der weitreichenden Etablierung von SMS und E-Mail eine Kultur der Verkürzung, Verknappung und immer weiter steigender Effektivität. Und gerade im Berufsleben steht der allgemeine Spardruck (gleichermaßen bezogen auf Zeit, Energie, Geld und Aufwand) im Widerspruch zu kommunikativer Kreativität und Spontaneität. Das wirkt sich deutlich auf unsere Kommunikationsgewohnheiten aus. Insbesondere schwierige Verhandlungen und Gespräche, welche die Beziehung zu anderen Menschen betreffen, leiden darunter.

Entdecken Sie die Möglichkeiten

Sprache und Kommunikation sind jedoch weit mehr als das möglichst effiziente Übermitteln von Information. Nur scheint es manchmal, dass wir kaum noch in der Lage sind, dieses „Mehr" überhaupt zu nutzen – obwohl wir dafür weder Schriftsteller, Dichter noch Müßiggänger sein müssten. Wir beschränken uns nur selbst. Zitate können helfen, solche Beschränkungen wieder zu lösen und die eigene Sprache lebendiger zu machen. Und verbesserte sprachliche Ausdrucksmöglichkeiten unterstützen effektive Kommunikation.

Aus diesem Grund wird sich dieses Buch im Hauptteil auch ganz ausführlich mit der konkreten Anwendung von Zitaten für Ihre Schlagfertigkeit befassen. Sie werden eine Vielzahl von Zitaten und Episoden lesen und erfahren, auf welch vielfältige Weise diese in den unterschiedlichsten Kontexten zum Einsatz kommen können. Sie werden entdecken, dass feste Wortgefüge – was Zitate ja nun einmal sind – Ihre Kommunikationsmöglichkeiten nicht einschränken, sondern erweitern!

Zitate und ihre Tücken

Dass das Bestreben, mit Zitaten und Anekdoten schlagfertig zu sein, auch seine Tücken haben kann, wurde im letzten Kapitel bereits angemerkt (siehe Seite 26 ff.). Mit einer kurzen Bemerkung dazu ist es jedoch leider nicht getan. Denn auch beim Zitieren finden sich einige Gelegenheiten, am Ziel vorbeizuschießen – oder auch darüber hinaus.

Ist das Niveau zu hoch?

Gerade die Suche nach originellen Zitaten oder Anekdoten kann zu ganz eigenen Schwierigkeiten führen und auch schon mal ein paar besondere Stilblüten hervorbringen. Schnell vergreift man sich dabei zum Beispiel im Niveau: Da haben Sie nun ein paar wirklich wundervolle Zitate von bedeutenden Persönlichkeiten entdeckt, bringen diese zum richtigen Zeitpunkt an der richtigen Stelle an – und trotzdem ist die positive Wirkung gleich null. In solchen Fällen kann es gut sein, dass Sie Ihr Publikum, Ihre Zuhörer oder Ihren Gesprächspartner schlicht über- oder unterfordern. Gerade bei der Vorbereitung von Reden oder Vorträgen ist die Versuchung groß, besonders ausgefallene, niveauvolle oder kunstvoll formulierte Zitate einzubauen. Denn hier ist ausreichend Zeit und Muße, nach einem solchen Zitat zu suchen und die richtige Stelle dafür zu lokalisieren. Dabei wird jedoch oft vernachlässigt, wie das Zitat vom Publikum wahrgenommen wird. Vor allem dann, wenn Ihr Publikum die Zitate nur hört und nicht liest, kommt es sehr auf die Verständlichkeit an – und Verständlichkeit hat hier nur zum Teil mit dem intellektuellen Vermögen Ihrer Zuhörer zu tun. Sehr lange oder kompliziert formulierte Zitate sind beim bloßen Zuhören oft kaum zu verstehen; gleiches gilt für sehr poetische Aussagen.

Nehmen wir beispielsweise zwei Verse von Goethe: *Selbst erfinden ist schön; doch glücklich von andern Gefundnes / Fröhlich erkannt und geschätzt, nennst du das weniger dein?* Wenn Sie diese in einem Vortrag, einer Rede oder als Diskussionsbeitrag hören, wird es Ihnen sicher nicht leicht fallen, auf Anhieb den Sinn hinter den Worten zu verstehen. Deshalb wäre dieses Zitat an einer solchen Stelle eher unangebracht. Grund dafür ist nicht zwangsläufig, dass diese Worte von Goethe Ihre Zuhörer intellektuell überfordern, problematisch ist wohl eher das hohe „Poesie-Niveau“, das die Grenze des hörenden Verstehens übersteigt.

Aber auch Ersteres kann natürlich der Fall sein, wenn Sie das intellektuelle – oder besser das fachliche – Niveau eines Zitats schlicht zu hoch ansetzen. Beispielsweise kann ein bei Freunden der klassischen Musik gut bekanntes Zitat aus einer berühmten Oper auch sehr intelligente Menschen überfordern, sofern sie selbst keine Opernkenner sind. Und eine Anekdote, die in Medizinerkreisen für gute Stimmung sorgt, weil sie vielleicht einen typischen Anfängerfehler *aufs Korn nimmt*[10], wird

---

[10] Die Redewendung *Etwas aufs Korn nehmen* nimmt Bezug auf die Zielvorrichtung bei einer Schusswaffe. Über Kimme und Korn wird dort das Ziel anvisiert.

bei allen anderen Menschen wahrscheinlich kaum mehr als Verwunderung auslösen. Deshalb ist es wichtig, auf die Angemessenheit der Zitate zu achten. Ansonsten wird Ihnen vielleicht sogar unterstellt, Sie wollten mit besonders hochgestochenen oder exotischen Zitaten bloß Ihr außergewöhnlich hohes Bildungsniveau demonstrieren.

Ist das Niveau zu niedrig?

Ähnlich wirkungslos bleiben Zitate, die allzu deutlich unter dem Niveau der Anwesenden liegen. Im schlimmsten Falle wirken diese sogar negativ auf das Image des Vortragenden. Dabei ist hin und wieder gar nicht die Aussage selbst das Problematische daran, oft ist es auch die Person, auf die das Zitat zurückgeht, die den Zuhörern nicht angemessen erscheint. Oder der Urheber der Aussage ist schlicht uninteressant für das Publikum. So führt beispielsweise in einer heißen politischen Debatte eine griffige Formulierung eines Popstars vermutlich nur selten zum Erfolg …

Peinlich, peinlich …

Solche Fehlgriffe sind jedoch noch relativ harmlos im Vergleich zu dem wohl peinlichsten Fauxpas, den man sich mit Zitaten und Anekdoten leisten kann: Wer unbeabsichtigt ein Zitat falsch wiedergibt, einen falschen Verfasser nennt, wichtige Details einer Anekdote vergisst oder diese falschen Personen zuschreibt, der wird danach lange zu kämpfen haben, dieses Missgeschick wieder auszubügeln. Stellen Sie sich doch einmal vor, wie unangenehm es wäre, wenn Sie als schlagfertige Replik auf einen verbalen Angriff mit viel Schwung ein Zitat zum Besten geben, es wirkungsvoll einleiten mit dem Namen des Verfassers – und Ihr Gegenüber am Ende mit einem freundlichen Lächeln erwidert: „Dieser Satz ist zwar sehr schön und passt hier wunderbar, stammt aber leider nicht von Goethe, sondern von Schiller."

Wenn Sie Glück haben, wird Ihnen dieser Lapsus als simpler Irrtum ausgelegt, obwohl auch darunter Ihr Auftritt sicher leiden wird. Bei weniger Glück weckt dieses Versehen entweder den Anschein, dass Sie hier Eindruck schinden wollten, ohne so recht Bescheid zu wissen, oder dass Sie schlicht nicht genug Sorgfalt haben walten lassen in Ihrer Äußerung, was auch als mangelnder Respekt gegenüber den Gesprächspartnern aufgefasst werden könnte. Und natürlich kann Ihr Gegenüber diese Situation für sich ausnutzen und Sie bloßstellen. Unter Umständen bieten Sie Ihrem Gesprächspartner auf diese Weise überhaupt erst die Gelegenheit, schlagfertig und positiv in Erscheinung zu treten. Wie man nämlich einen Irrtum des Gegenübers zum eigenen Nutzen verwerten kann, zeigt eine kleine Anekdote aus der Antike:

Nach langem Nachdenken hatte Platon die Definition aufgestellt, der Mensch sei ein federloses zweifüßiges Tier. Als Diogenes davon hörte, besorgte er sich einen Hahn, rupfte ihm die Federn aus und rief: „Hier hast du deinen Menschen, Platon!" Platon hielt an seiner Definition trotzdem fest, fügte aber künftig hinzu: „Mit platten Nägeln."

Sie sehen: eine unbedachte Bemerkung, ein falsch wiedergegebenes Zitat oder eine ungenaue Definition kann unversehens zur Steilvorlage für den Gesprächspartner werden. Hüten Sie sich also auch davor, allzu selbstsicher mit großen Worten und eingängigen Definitionen berühmter Menschen um sich zu werfen, wenn Sie sich über Herkunft und Inhalt nicht ganz sicher sind.

Nachvollziehbare Assoziationen

Dass ein Zitat auch inhaltlich passen muss, um wirksam zu sein und eine schlagfertige Replik darzustellen, sollte nach den vorangegangenen Ausführungen nicht überraschen. Dass dies aber nicht heißt, dass es den gleichen konkreten Inhalt, das gleiche Thema haben muss wie Ihre Ausführungen, dürfte Sie inzwischen ebenfalls nicht mehr überraschen. Entscheidend ist einzig, dass Sie einen Bedeutungszusammenhang herstellen können. Dieser kann durchaus auch über gewagte Assoziationen entstehen, was den Überraschungseffekt erhöht. Allerdings nur, wenn die Verbindung auch für den Gesprächspartner noch nachvollziehbar ist. Sie können Ihr Gegenüber zwar ruhig etwas herausfordern und den gedanklichen Bogen so weit spannen, dass es ein paar Sekunden dauert, bis er ans Ziel kommt – nur *überspannen*[11] sollten Sie ihn nicht. Denn allzu verstiegene intellektuelle Kapriolen machen Ihnen selbst vielleicht noch Spaß, bleiben aber wirkungslos, wenn sie von anderen nicht verstanden werden. Und der Erfolg bleibt zwangsläufig aus, unabhängig davon, wie treffend und schlagfertig Ihr Zitat hätte sein können.

Leider lassen sich keine allgemeingültigen Regeln aufstellen, die eindeutig festlegen, wann ein Zitat passend oder unpassend ist. Zu viele Faktoren entscheiden über den Wirkungserfolg eines Zitats. Bei der Auswahl helfen Ihnen aber Ihre eigene Geistesgegenwart und Erfahrung, Ihr Gespür für die konkrete Situation, Ihr Sprach- und Assoziationsvermögen sowie Scharfsinnigkeit und Aufmerksamkeit. Und natürlich: Je größer Ihr Repertoire an Zitaten und Anekdoten ist, umso schneller können Sie auf ein passendes Wort zur rechten Zeit zurückgreifen.

Distanz und Humor

Manchmal ist es auch hilfreich, ein wenig Distanz zwischen sich und die Situation zu bringen, also gedanklich einen kleinen Schritt beiseite zu treten. Der Zweck ist hier, einen gewissen Abstand herzustellen, um besser sehen zu können. So wie man *den Wald vor lauter Bäumen nicht sieht*[12], wenn man mittendrin steht, begreift man manchmal die Gesamtheit einer Situation nicht, wenn man selbst zu sehr in Details verwickelt ist. Der Blick aufs Ganze enthüllt häufig die besonderen Eigenarten und hilft Ihnen, gelassen zu bleiben.

Das kann Sie im Zweifelsfalle davor bewahren, dass Sie sich in einer unangenehmen oder heiklen Situation blockieren oder hemmen lassen. Gerade wenn Sie selbst das Thema der Situation oder der Auseinandersetzung sind, ist eine gewisse Dis-

[11] Das passende Zitat dafür finden Sie bei Schiller: *Allzu straff gespannt, zerspringt der Bogen* heißt es in *Wilhelm Tell.*

[12] Diese Redewendung wurde durch Christoph Martin Wieland (1733–1813) bekannt. Er benutzte sie in einigen seiner Dichtungen, zum Beispiel in der Versdichtung *Musarion,* wo im 2. Buch zu lesen ist: *Die Herren dieser Art blend't oft zu vieles Licht;/ Sie sehn den Wald vor lauter Bäumen nicht.*

tanz zu den Dingen oft sehr hilfreich. Eine gute Möglichkeit, um etwas Abstand zu gewinnen, ist Humor. Und den sollten Sie vor allen Dingen bewahren, wenn es um Sie selbst geht!

Suchen Sie also ruhig nach dem Komischen an der Situation oder bringen Sie selbst etwas Witz ins Spiel. Solange Sie nichts und niemanden ins Lächerliche ziehen, wird Humor Ihnen und Ihrer Schlagfertigkeit in den allermeisten Fällen gute Dienste leisten. Gerade in angespannten Situationen kann eine mit Bedacht dosierte Portion Humor oder auch Selbstironie sehr entspannend wirken. So manche Provokation lässt sich mit einem Lächeln und einem kleinen verbalen Augenzwinkern spürbar abschwächen.

Zitieren – Worauf es ankommt

Sie können noch so gute, treffende und witzige Zitate und Anekdoten parat haben – diese bleiben ohne den gewünschten Nutzen, wenn sie zum falschen Zeitpunkt oder auf die falsche Art und Weise angebracht werden. Das Gleiche gilt für den Fall, dass Sie keine passende Einleitung finden oder ein paar grundsätzliche Anforderungen an die Beschaffenheit von Zitaten vernachlässigen.

Vom richtigen Zeitpunkt

Der richtige Zeitpunkt für ein Zitat ist in der Theorie schwer zu bestimmen. Die vorangegangenen Erläuterungen haben ja schon verdeutlicht, dass die effektive Anwendung eines Zitats in hohem Maße vom Inhalt des Gesprächs und der konkreten Situation abhängig ist. Und wenn es notwendig ist, einen verbalen Angriff schlagfertig zu parieren, stellt sich die Frage nach dem richtigen Zeitpunkt ja auch gar nicht, denn dann heißt es immer: Jetzt! Einen Moment später ist der richtige Moment bereits verpasst. Insofern kommt es beim Einsatz von Zitaten in erster Linie darauf an, ein Gespür für den richtigen Augenblick zu entwickeln und dann im entscheidenden Moment auch wirklich die Initiative zu ergreifen. Dieses Gespür erlernen Sie am ehesten, wenn Sie sich einfach trauen, Zitate einzusetzen. Sicherlich werden Sie dabei auch einmal Fehler machen – aber mit diesem Buch erhalten Sie ja Anregungen, wie Sie damit umgehen können.

Interesse wecken – Perspektiven aufzeigen

Natürlich gibt es auch bestimmte Phasen in einem Gespräch, einer Diskussion oder einem Vortrag, in denen Zitate beinahe als Garant für eine positive Wirkung betrachtet werden können. So leistet ein zu Beginn eingesetztes und mit Bedacht ausgewähltes Zitat meist gute Dienste. Es macht Ihre Zuhörer oder Gesprächspartner neugierig und weckt ihr Interesse. Eine geistreiche Bemerkung zum Einstieg beeinflusst die gesamte Atmosphäre und lässt Sie, wenn das Zitat gut ankommt, sympathisch wirken. So können Sie die Aufnahmebereitschaft und die Aufmerksamkeit Ihrer Gesprächspartner deutlich erhöhen, was wiederum Ihrer Überzeugungskraft zugute kommt.

Ein treffendes Zitat als Abschluss eines Vortrags oder einer Diskussion anzubringen, ermöglicht Ihnen wiederum, Ihre Kernaussagen noch einmal besonders prägnant und überzeugend zusammenzufassen und eventuell Anregungen zu geben. Sie können so bestimmte Aspekte des Themas noch weiterspinnen oder aus einer anderen Perspektive betrachten. Und natürlich können Sie ein Zitat an dieser Stelle auch dazu nutzen, um noch einmal Ihren persönlichen Auftritt abzurunden.

Doch Sie brauchen sich nicht auf diese beiden Punkte zu beschränken, wenn Sie mit Zitaten überzeugen wollen. In jedem Vortrag und in jeder Diskussion finden sich unzählige Anwendungsmöglichkeiten – sei es zum Veranschaulichen oder auch zum Bekräftigen des Gesagten. Ein Zitat hebt den Inhalt wichtiger Einzelaussagen hervor. Die gewichtigen Worte einer bekannten Persönlichkeit helfen Ihnen, eine umstrittene These zu untermauern. Anekdoten helfen, unsachgemäße Aussagen Ihres Gesprächspartners überzeugend zu widerlegen. Eine kritische Bemerkung lässt sich mit einem schönen Zitat vielleicht etwas netter verpacken. Ein knackiges Zitat hilft auch bei einer Überleitung und einem Themenwechsel. Und: Ein inhaltlicher oder auch persönlicher Angriff Ihres Gegenübers lässt sich vereiteln, wenn Sie mit einem schlagfertigen Zitat kontern können.

Weniger ist mehr

Bei der Vielzahl der Gelegenheiten, die sich zweifelsohne bieten werden, dürfen Sie es jedoch auch nicht übertreiben. Wer ohne Unterlass mit Zitaten um sich wirft, wird bald auf Skepsis stoßen. Denn was bleibt, wenn die Zitate fehlen? Haben Sie dann auch selbst etwas zu sagen? Zitate sollen Highlights setzen und nicht einfach alles in grelles Licht tauchen.

Kommen nicht nur prägnante Zitate zum Einsatz, sondern auch längere Anekdoten oder Geschichten, ist es zudem wichtig, darauf zu achten, dass tatsächlich ausreichend Raum und Zeit zur Verfügung stehen, um eine längere Zwischenbemerkung einzuflechten. Wenn es in einer Diskussion gerade hoch hergeht oder in einem Vortrag in zügigen Schritten das Thema vorangetrieben wird, dann würde der Einschub einer Anekdote den Verlauf der Kommunikation eher bremsen, als ihn bereichern. In solchen Fälle würden Anekdoten oder Geschichten vermutlich nur stören und die Aufnahmebereitschaft der Zuhörer wäre wahrscheinlich nicht besonders hoch. Die Wirkung Ihrer schönen Anekdote würde also einfach verpuffen.

Natürlich können Sie aber auch den bremsenden Effekt für sich nutzen, wenn es möglicherweise ganz in Ihrem Interesse ist, das Tempo in der Auseinandersetzung etwas zu drosseln oder eine Zäsur zu setzen, damit alle etwas zu Atem kommen und das Bisherige noch einmal Revue passieren lassen können. Ein solcher Einsatz muss jedoch sehr aufmerksam und mit gutem Gespür für die Situation durchgeführt werden. Ansonsten könnten Sie den Eindruck erwecken, das Vorankommen boykottieren zu wollen. Den Unmut der Anwesenden werden Sie zu spüren bekommen, wenn Sie den Abschluss des Gesprächs oder des Vortrags künstlich hinauszögern, indem Sie dann zum Ende doch noch einmal eine kleine Geschichte zum Besten geben. So manch einer hat hier schon viele Punkte verspielt, wenn die Anekdote nicht wirklich einen gelungenen Abschluss darstellte, sondern bloß noch einmal den Geschichtenerzähler im Vortragenden befriedigte. Achten Sie deshalb bei Anekdoten oder Geschichten besonders darauf, ob wirklich ausreichend Zeit und Platz vorhanden sind, um eine längere Zwischenbemerkung einzufügen.

Vom richtigen Zitieren und Erzählen

Ist es bei Zitaten vor allen Dingen wichtig, **das richtige Zitat zur richtigen Zeit** richtig wiederzugeben, spielen bei Anekdoten noch weitere Faktoren eine Rolle. Hier kommt es vor allem darauf an, wie Sie die Anekdote präsentieren und einbinden. Entscheidend ist, die Geschichte glaubwürdig und authentisch zu inszenieren. Dazu erzählen Sie die Anekdote natürlich frei, lesen also nicht ab. So erscheint sie wie aus Ihrem eigenen Erfahrungsschatz gegriffen. Das ist wichtig, da Sie mit einer Geschichte, die Ihnen selbst fremd bleibt, andere kaum überzeugen können. Zudem wirkt eine abgelesene Anekdote meist allzu nüchtern und distanziert und wird auch aus diesem Grund Ihre Zuhörer nicht fesseln. Machen Sie sich deshalb im Vorfeld ruhig einmal die Mühe, Ihre Anekdoten in eigene Worte zu fassen. Erzählen Sie diese doch einfach Ihren Freunden, das schult ganz nebenbei gleich Ihre Fähigkeit, die Geschichte inhaltlich sinnvoll einzubinden. Außerdem trainieren Sie so, wirklich flüssig und ohne Hänger zu erzählen, was für die Wirkung ebenfalls sehr vorteilhaft ist.

Ganz wichtig ist natürlich auch, nichts Wesentliches zu vergessen oder gar die Pointe zu vermasseln! Und peinlich ist es, die Begebenheit einer falschen Person zuzuschreiben. Das führt oft zu unfreiwilliger Komik, wenn es Ihre Gesprächspartner einfach besser wissen. Das können Sie in speziellen Fällen jedoch auch für sich nutzen, indem Sie ganz bewusst eine Anekdote auf einen anderen Menschen ummünzen, um etwas über ihn auszusagen. Dies funktioniert jedoch nur, wenn den anderen klar ist, auf wen sich die Episode ursprünglich bezieht. Und zu guter Letzt gilt natürlich auch für Anekdoten und Geschichten: Sie sind Schmuckstücke, die Ihren eigenen Ausführungen Glanz verleihen. Zu viel des Guten wird früher oder später ein schlechtes Licht auf Sie werfen.

Der Bär und der Gärtner

Dass verwendete Zitate und Anekdoten in **ihrer Bedeutung zu Ihren inhaltlichen Aussagen** passen müssen, ist unerlässlich. Wichtig ist jedoch auch, dass Sie nicht allzu sehr von Ihren Grundgedanken abschweifen. Denn wenn Sie einen eher nebensächlichen Aspekt Ihrer Argumentation mit Zitaten oder Anekdoten sehr lebendig ausschmücken, lenkt das nur vom Eigentlichen ab. Unter Umständen *erweisen Sie sich dann damit selbst einen Bärendienst*[13].

---

13 Diese Redewendung hat ihren Ausgangspunkt in der Fabel *Der Bär und der Gartenliebhaber* von Jean de La Fontaine. Dort erschlägt der Bär, der dem Gärtner stets treu gedient hat, mit einem Stein eine Fliege, die sich auf die Nasenspitze seines Herrn gesetzt hat. Die Fliege ist nun erschlagen, der Gärtner jedoch ebenso.

Und natürlich sollen die hinzugezogenen fremden Worte bei Ihrem Gegenüber auch etwas auslösen, ihn emotional erreichen. Durch griffige Formulierungen, durch besonderen Esprit oder durch völlig neue Gedanken, die Gefühle und Bilder heraufbeschwören oder eine tiefgreifende, nachhaltige Einsicht vermitteln. Hierin besteht die Besonderheit, sozusagen der Mehrwert des Einsatzes von Zitaten oder Anekdoten. Wenn dieser fehlt, können Sie das Gleiche auch direkt mit Ihren eigenen Worten sagen.

Um die Ecke gedacht

Die Wirkung von Zitaten oder Geschichten kann selbstverständlich nur einsetzen, wenn Ihre Gesprächspartner oder Zuhörer verstehen, was Sie damit ausdrücken wollen. Dazu ist ja bereits weiter oben einiges gesagt worden. Und dass dies durchaus über verschlungene Pfade geschehen kann, wurde auch schon ausgeführt. Denn es macht ja oft gerade den Reiz der Sache aus, dass es eben **ein wenig um die Ecke gedacht** ist. Der Überraschungseffekt – und damit letztlich die Schlagfertigkeit – entsteht ja nur dadurch, dass eben nicht das gesagt wird, was jeder als das Nächstliegende annimmt, sondern etwas, womit niemand sonst gerechnet hat.

Das darf schon einmal auf den ersten Blick recht absurd oder abwegig daherkommen, solange auf den zweiten Blick ein sinnvoller Zusammenhang entsteht. Der gedankliche Bogen, der dabei gespannt wird, ist ausschlaggebend dafür, ob Ihre Zitate geistreich, witzig, treffend und letztlich schlagfertig wirken. Ist der Bogen zu kurz gespannt, erscheint der Gedankensprung zu simpel und naheliegend, um überraschend und schlagfertig zu sein. Ist der Bogen jedoch zu weit gespannt, können ihn die anderen womöglich nicht mehr bis zum Ende nachvollziehen – dann fallen Ihre wichtigen Worte nicht auf fruchtbaren Boden. Fingerspitzengefühl ist also gefragt. Sehr anregend kann es auf Ihre Zuhörer wirken, wenn Sie den gedanklichen Bogen gar nicht bis zum Ende ausführen, sondern einfach offen lassen. Offen für die letzten Gedanken Ihrer Zuhörer, mit denen der Bogen geschlossen wird. Jeder Witz funktioniert auf diese Weise. Wird jedoch dieser letzte Gedanke ausgesprochen, verfliegt der Witz im Witz. Deshalb ist es auch so unangenehm, wenn Witze erklärt werden. Hierbei wird genau diese Auslassung, die den Witz zum Witz macht, erklärt, und der Witz ist dann leider kein Witz mehr.

Nehmen wir noch einmal ein Beispiel von vorhin: die Zitatenkombination „Gold oder Silber – das ist hier die Frage". Wenn Sie nun beispielsweise in einer bereits sehr lang andauernden Debatte, in der sämtliche Argumente mehrmals und ausführlich besprochen wurden, sagen „Meine Damen und Herren, Gold oder Silber – das ist jetzt die Frage!", dann schlagen Sie einen Bogen von Gold und Silber über Schweigen und Weiterreden hin zur konkreten Situation der ausufernden Debatte, ohne dass die Worte „reden" oder „Debatte" überhaupt genannt wurden. Diesen Schluss des Bogens, in dem die Frage nach Aufhören zu reden oder weiterreden gestellt wird, überlassen Sie den Zuhörern. Und auch die Antwort darauf. So vollziehen sie selbst den Gedankengang, der zu einer Antwort führt. Auf diese Weise regen Sie das Denken und Weiterdenken der Gesprächspartner an, statt ihnen fertige Antworten vorzusetzen.

Die Deutung und Bedeutung von Zitaten und Anekdoten muss jedoch keinesfalls immer so klar und fest umrissen ausfallen wie in dem hier beschriebenen Beispiel. Mehrdeutigkeiten sind durchaus erwünscht. Denn sie erweitern die Interpretationsmöglichkeiten und geben einer Aussage Untertöne, die interessant sein können, gerade wenn sie scheinbar Widersprüchliches ergeben. Zudem haben Sie so die Möglichkeit, Zitate auch in verschiedenen Kontexten zu verwenden.

Die richtige Einleitung

Ein weiterer, sehr wichtiger Aspekt beim Zitieren und beim Erzählen von Anekdoten ist die richtige Einleitung. Ein Zitat sollten Sie grundsätzlich auch als ein solches kenntlich machen. Also brauchen Sie einige Formulierungen, die anzeigen, dass Sie ein Zitat verwenden oder eine entlehnte Begebenheit wiedergeben. Die naheliegendsten Einleitungen sind „Schon Goethe sagte einmal ..." oder „Wie wir auch bei Schiller lesen können ...". Aber es gibt auch andere Möglichkeiten:

- „… das wusste schon Lessing zu berichten.“
- „Ziehen wir noch einmal Schiller zu Rate: …“
- „Dieser Meinung war auch Kant, als er sagte …“
- „Und hier schließe ich mich ganz der Meinung Goethes an: …“
- „Auch bei Platon liest man …“
- „Schon im Jahre 335 v. Chr. überraschte/provozierte Aristoteles mit der Aussage …“
- „Kennen Sie diesen Satz von Bismarck? …“

Ein solcher Verweis auf die Vergangenheit bietet sich auch bei der Einleitung für Ihre Anekdoten an, zum Beispiel: „Dazu eine kleine Begebenheit aus dem Mittelalter …“. Andere Varianten sind:

- „Was Sie jetzt zu hören bekommen, wird Sie sicher überraschen …“
- „Eine kleine Geschichte wird diesen Aspekt veranschaulichen: …“
- „Vielleicht regt Sie folgende Anekdote auch zum Nachdenken an …“
- „Diese Idee wird in der folgenden Geschichte auf den Punkt gebracht: …“
- „Als Einstimmung möchte ich Ihnen von zwei ganz besonderen Menschen erzählen …“
- „Ähnliches leistete sich die Hauptperson der folgenden kleinen Geschichte …“
- „Zur Veranschaulichung ein kleines Beispiel: …“

Je nachdem, welchen Aspekt des Zitats oder der Anekdote Sie besonders betonen möchten – die Person des Urhebers, die historische Bedeutung der Aussage, die Langlebigkeit des Gedankens etc. –, können Sie die Einleitung oder den Nachtrag nach Ihrem eigenen Ermessen gestalten. Versteifen Sie sich dabei jedoch nicht bloß auf einige wenige Varianten, das wirkt sehr schnell eintönig und einfallslos. Sorgen Sie lieber für etwas Abwechslung.

Doch nun geht es ans Eingemachte! Haben wir uns bis hierher eher allgemein mit dem auseinander gesetzt, was Zitate leisten und wie Sie Ihrer Schlagfertigkeit zuträglich sein können, geht es jetzt um konkrete Situationen, Zitate und Redewendungen für Ihre Schlagfertigkeit. Übrigens finden Sie bei den folgenden Zitaten immer auch den Autor mit angegeben, entweder im Einleitungssatz oder in der Klammer dahinter. So wissen Sie sofort, von wem die Aussage stammt. Ist keine Quelle angegeben, handelt es sich um ein Sprichwort oder eine Redensart. Ausführliche Quellenangaben finden Sie im Anhang (siehe Seite 129 ff.).

Zitate für Ihre Schlagfertigkeit

Sie möchten Ihr volles Potenzial an Schlagfertigkeit nutzen. Es gibt viele – alltägliche und außergewöhnliche – Situationen, in denen Sie Ihre Schlagfertigkeit unter Beweis stellen können:

- Situationen, bei denen Sie verbal angegriffen werden und Wege suchen, passend zu reagieren und diese zu parieren beziehungsweise abzuwehren.
- Bei Diskussionen oder Präsentationen geht es meist weniger um Abwehr oder Verteidigung, also Ihre Reaktion, sondern eher darum, geistreich und schlagfertig zu kommunizieren.
- Schließlich werden Sie in bestimmten Situationen, bei Ereignissen oder Äußerungen von anderen eine geistreiche Bemerkung, ein treffendes Zitat oder eine amüsante Anekdote einfließen lassen wollen. Hier agieren Sie nicht aus einer Angriffs- oder Verteidigungssituation heraus wie im ersten Fall, sondern agieren aus einer Beobachterposition. Sie übernehmen also eher eine kommentierende Funktion. Mit dieser Art der Schlagfertigkeit können Sie übrigens auch Pluspunkte sammeln, wenn es darum geht, eigene Missgeschicke oder kleine Unzulänglichkeiten selbstironisch zu kommentieren.

Alle diese Varianten werden im Folgenden anhand von zahlreichen Beispielen erläutert. Und da sich die Schlagfertigkeit mit Zitaten stets an den Inhalten orientiert, werden in diesem Kapitel die Zitate und Episoden für Ihre Schlagfertigkeit auch nicht alphabetisch oder chronologisch abgehandelt, sondern immer einem praxisnahen Kontext zugeordnet. So erleben Sie ganz anschaulich, wie Zitate wirkungsvoll eingebunden und angewendet werden können und welche Spielräume Ihnen dabei zur Verfügung stehen.

Diese Vorgehensweise hilft Ihnen, ein Gespür für Situationen zu entwickeln. Denn wer schlagfertig sein will, muss eine Situation sowohl schnell als auch richtig erfassen können. Für langes Nachdenken und Analysieren fehlt die Zeit. Hätten Sie immer ausreichend Zeit, um den rechten Moment in aller Ruhe abzupassen, wäre Schlagfertigkeit ja ein Kinderspiel. Schlagfertigkeit zeichnet sich jedoch gerade durch Schnelligkeit und Treffsicherheit aus. Sie müssen also einen Instinkt für Situationen und Konstellationen entwickeln.

Einen solchen Instinkt brauchen Sie schon allein deshalb, weil es unmöglich ist, sich auf alle Eventualitäten einer Situation gezielt vorzubereiten. Es gibt keine Rundum-sorglos-Lösung. Niemand kann sich im Voraus schlagfertige Antworten oder Aussagen zurechtlegen, die alle denkbaren Varianten berücksichtigen, und diese dann auswendig lernen. Sicher: Es gibt verschiedene Konstellationen oder Ereignisse, die in bestimmten Situationen einfach mit hoher Wahrscheinlichkeit eintreten werden und auf die Sie sich gedanklich vorbereiten können. Doch auch hier sind und bleiben Standardreaktionen etwas anderes als Schlagfertigkeit. Und noch etwas: Wie sich eine Situation konkret entwickelt, ist immer abhängig von den Beteiligten, den Rahmenbedingungen, von Ihnen selbst und tausend anderen Faktoren. Schlagfertigkeit ist eben situationsabhängig, sodass sie jedes Mal anders und immer neu sein muss. Wer sich hier lediglich ein paar Standards antrainiert und hofft, damit auf der sicheren Seite zu sein, wird schlicht keinen Erfolg haben.

Aber womit haben Sie nun Erfolg? Ausnahmsweise ist die Antwort hier ganz einfach: Bleiben Sie flexibel und offen in Ihrem Denken und Wahrnehmen. Versteifen Sie sich nicht auf Geplantes und Vorhersehbares. Irgendetwas Unvorhergesehenes wird immer passieren! Wenn Sie sich offen, unvoreingenommen und mit wachem Verstand in eine Situation begeben, haben Sie gute Chancen, Ihre Souveränität, Kreativität und Spielfreude zu entfalten. Für den schlagfertigen Umgang mit Zitaten ein Muss.

Die folgenden realen Situationsbeispiele für schlagfertiges Kommunizieren sollen Quelle und Anregung für Ihren persönlichen Zitatenschatz und für Ihre Schlagfertigkeit sein. Schmökern Sie darin und lassen Sie sich anregen, selbst Zitate sowohl für die vorgestellten als auch für andere Situationen zu suchen, die Ihnen immer wieder begegnen.

Die Überleitung hat Friedrich Schiller für uns vorausgedacht. Deshalb an dieser Stelle einen herzlichen Dank an den Dichter für seine Worte: *Wohl, nun kann der Guss beginnen!*

... bei persönlichen Angriffen

Meist wird die Keule im Privaten geschwungen ... Verbale Angriffe auf persönliche Eigenschaften sind immer noch die typischen Gelegenheiten, bei denen schlagfertiges Reagieren angesagt ist. Gerade bei Attacken auf die eigene Persönlichkeit und Schlägen, die unter die Gürtellinie zielen, brauchen Sie effektive Abwehrstrategien, mit denen Sie sich aber nicht auf dasselbe niedrige Niveau begeben. Unser kleines kreatives Spiel mit Zitaten ist hierfür bestens geeignet. Zitate helfen Ihnen, das Ganze sportlich anzugehen und der Auseinandersetzung die Schärfe zu nehmen, damit niemand ernsthaft verletzt wird. Denn bei aller Konfrontation sollten Sie nicht vergessen, Ihr Gegenüber stets als Person zu respektieren und wertzuschätzen.

Zu diesem Thema möchte ich Ihnen gleich einmal zwei Zitate vorstellen. Das erste stammt von Oscar Wilde und lautet: *Ein Mann kann bei der Auswahl seiner Feinde nicht vorsichtig genug sein.* Das zweite ist von Friedrich Nietzsche: *Lieber aus ganzem Holz eine Feindschaft als eine geleimte Freundschaft!* Beide Zitate lassen sich anwenden, um einen oder mehrere Angriffe, die zu eskalieren drohen, erst einmal etwas auszubremsen, bevor Sie inhaltlich darauf eingehen. Dies geschieht, indem Sie zunächst den Angriff selbst thematisieren.

Wertschätzung zeigen und bei der Sache bleiben

SITUATION: Sie präsentieren Ihrer Abteilung eine neue CRM-Software, die Sie zur effizienteren Kundenverwaltung gerne einführen möchten. Ein Kollege unterbricht immer wieder Ihre Präsentation mit Einwänden und Nachfragen. Die Spannung zwischen Ihnen beiden spitzt sich allmählich zu ...

ANGRIFF: Was Sie hier vorschlagen, geht völlig an der Realität vorbei. Wenn man sich Ihre Zahlen einmal genauer ansieht, merkt man doch sofort, dass Sie bei Ihrer Erhebung wichtige Punkte einfach unterschlagen haben. Ansonsten würden Sie auch zugeben müssen, dass eine Umstellung einen deutlich höheren Aufwand bedeutet, als Sie uns glauben machen wollen.

IHRE ABWEHR (1): Wie ich sehe, hat Oscar Wilde wieder einmal Recht gehabt: *Ein Mann kann bei der Auswahl seiner Feinde nicht vorsichtig genug sein.* Ihre Einwände kann ich gut nachvollziehen und aus Ihrer Sicht sind sie auch vollkommen legitim. Lassen Sie mich deshalb noch einmal etwas detaillierter erklären, wie ich zu meiner Einschätzung komme …

IHRE ABWEHR (2): Sie sind wirklich hartnäckig, Herr Kollege. Das freut mich, denn da halte ich es durchaus mit Nietzsche, der sagte: *Lieber aus ganzem Holz eine Feindschaft als eine geleimte Freundschaft!* Eine kontroverse Auseinandersetzung bringt uns hier sicher ein gutes Stück weiter. Lassen Sie mich deshalb bitte versuchen, ob ich Ihre Einwände nicht doch noch ausräumen kann.

Der Vorteil dieser beiden Zitate besteht darin, dass sie den Angriff und den Angreifer nicht abwerten, sondern im Gegenteil: Sie zeigen, dass Sie die Ansichten Ihres Gegenübers und ihn selbst wirklich wertschätzen.[14] Außerdem weichen Sie der Auseinandersetzung nicht aus, sondern erkennen an, dass an diesem Punkt Ihrer Darstellung offensichtlich noch Klärungsbedarf besteht. Diese beiden Punkte sind sehr wichtig, deshalb kann man sie ruhig noch einmal nennen: **Wertschätzung** und **bei der Sache bleiben.** Wenn Sie daran festhalten, sind Sie in jedem Fall auf dem richtigen Weg. Wer hingegen in eine emotionale Auseinandersetzung über persönliche Eigenschaften einsteigt, kann nur verlieren. Was denken Sie, wie Ihre Präsentation verlaufen wird, wenn Sie auf den Angriff des Kollegen auf einer persönlichen Ebene reagieren? Nehmen wir dasselbe Beispiel:

ANGRIFF: Was Sie hier vorschlagen, geht völlig an der Realität vorbei. Wenn man sich Ihre Zahlen einmal genauer ansieht, merkt man doch sofort, dass Sie bei

[14] Achten Sie unbedingt darauf, dass Ihre Replik an dieser Stelle auch nicht den kleinsten Hauch Ironie enthält. Sie erzielen sonst mit Sicherheit genau den gegenteiligen Effekt. Denn auch hier gilt: *Der Ton macht die Musik.*

Ihrer Erhebung wichtige Punkte einfach unterschlagen haben. Ansonsten würden Sie auch zugeben müssen, dass eine Umstellung einen deutlich höheren Aufwand bedeutet, als Sie uns glauben machen wollen.

IHRE REAKTION: Wollen Sie mir etwa unterstellen, ich würde hier absichtlich Daten manipulieren, bloß um meine Ideen auf Teufel komm raus durchzusetzen? Ihren Ehrgeiz in allen Ehren, Herr Kollege, aber nur weil wir beide auf den gleichen Posten hinarbeiten, ist es nicht nötig, mich zu denunzieren. Wer auch nur einen Augenblick darauf verwendet, Ihre Aussagen zu prüfen, wird sehr schnell feststellen, dass sie völlig aus der Luft gegriffen sind!

Spätestens jetzt würde der Angreifer in Verteidigungsposition gehen und zu einem erneuten Verbalschlag ausholen. Die Situation kann unter diesen Umständen nur eskalieren. Und die inhaltlichen Aspekte Ihrer Präsentation sind dann vermutlich nur noch Beiwerk.

Zitate helfen Ihnen bei persönlichen Angriffen also, die Situation etwas zu entschärfen. Mit ihnen können Sie die Diskussion wieder in ruhigeres Fahrwasser bringen – einfach indem Sie nicht zum Gegenangriff blasen, sondern stattdessen Deeskalation betreiben. Und dies geschieht durch Respektsbekundungen, sachliche Hinweise und eine gute Prise Humor. Schlagfertig sind solche Antworten oft schon deshalb, weil sie den Erwartungen der Angreifer nicht entsprechen. Bei einem persönlichen Angriff erwartet man schließlich einen Gegenangriff oder zumindest eine Verteidigung. Womit zunächst kaum jemand rechnet, sind die Anerkennung des Angriffs und die deutliche und ernst gemeinte Wertschätzung des Angreifers. Mit diesem Überraschungseffekt gewinnen Sie an Sympathie und das mildert die Schlagkraft des Angriffs. Das kann auch schon mal mit einem Augenzwinkern versehen werden, doch im Kern bleibt es ohne Ironie. Ein weiteres Beispiel dazu:

SITUATION: Während einer Produktschulung macht aus dem Publikum jemand seinem Unmut Luft.

ANGRIFF: Langweilige Präsentation!

IHRE ABWEHR: Vielen Dank für diesen Hinweis und Glückwunsch: *Geist ist nämlich die Voraussetzung für Langeweile!* Das hat Max Frisch einmal gesagt. Wir sollten also Ihren Geist nicht allzu sehr zu strapazieren und bald zum Ende kommen …

Dieses Zitat erweist Ihnen im Beruf sicherlich gute Dienste. Doch beim Sonntagsspaziergang mit der Familie wird er Ihnen nicht unbedingt weiterhelfen. Gegen „Mir ist so langweilig!", „Wann sind wir endlich da!" oder „Wie lange geht das noch?" ist kein Schlagfertigkeitskraut gewachsen. Kindern ist in diesem Falle vollkommen egal, ob sie Geist haben oder nicht. Hier retten Sie auch die besten Zitate nicht – Sie würden wahrscheinlich kaum mehr als einen irritierten Blick ernten.

Den Wind aus den Segeln nehmen

Doch Zitate helfen Ihnen bei Angriffen nicht nur auf einer reflektierten Meta-Ebene, sondern auch ganz konkret. Gerade inhaltlich können Zitate Ihnen gute Argumente (oder auch Gegenargumente) an die Hand geben, um nach einem Angriff die Auseinandersetzung sachlich fortzuführen oder in eine neue Richtung zu lenken.

In den folgenden Beispielen geht es um Situationen, die uns im Privat- und im Berufsleben immer wieder begegnen. Die Vorgehens- und Wirkungsweise ist in den vorgestellten Fällen häufig sehr ähnlich, weil es zumeist darum geht, dem Angreifer den Wind aus den Segeln zu nehmen, indem man das Gute der attackierten Eigenschaft oder Verhaltensweise herausstellt. Insofern ist diese Strategie vergleichbar mit der Schlagfertigkeitstechnik des *Umdefinierens*[15]. Allerdings sind hin und wie-

---

[15] Vgl. Pack, Bodo: *Schlag zurück! Das Trainingsbuch zur Schlagfertigkeit*, Seite 39f. Bei dieser Technik wird die negative Aussage des Gegenübers in eine positive, mit einer entsprechenden Einleitung versehene Aussage umgedeutet, sodass der Angriff ins Leere läuft. Lautet der Angriff zum Beispiel „Sie sind unheimlich langsam!", hieße die entsprechende Replik beispielsweise: „Wenn Sie damit meinen, dass ich meine Aufgaben sehr gründlich erledige, dann haben Sie vollkommen Recht."

der auch deutlichere Worte vonnöten, um aufdringliche oder indiskrete Zeitgenossen in die Schranken zu weisen.

Die folgenden Beispiele veranschaulichen, auf welche Weise Zitate in diesen Zusammenhängen schlagfertig wirken können. Dass diese Auswahl das unendliche Spektrum möglicher Situationen jedoch nur anreißen kann, liegt auf der Hand. Versuchen Sie doch einfach, die Beispiele auf Ihren Alltag zu übertragen, und nehmen Sie Anregungen mit, wie Sie auf ähnliche Vorwürfe oder Angriffe reagieren können.

SITUATION: Ein Freund wirft Ihnen vor, dass Sie Ihre Probleme nicht entschlossen genug angehen.
VORWURF: Du bist immer so zögerlich, wenn es darum geht, etwas zu ändern.
IHRE ANTWORT (1): Kennst du nicht das alte Sprichwort: *Erst wäg's, dann wag's! / Erst denk's, dann sag's!* Da ist doch sicher was Wahres dran …
IHRE ANTWORT (2): *Was lange währt, wird endlich gut.*
IHRE ANTWORT (3): Ich weiß, ich bin da etwas vorsichtig. Aber ich halte es mit Rochefoucauld: *Ehe man etwas brennend begehrt, soll man das Glück dessen prüfen, der es besitzt.*

SITUATION: Im Kollegenkreis haben Sie einen wahren Witzbold, der bei jeder passenden und unpassenden Gelegenheit einen Witz vom Stapel lässt. Sie können allerdings schon lange nicht mehr darüber lachen.
ANGRIFF: Sie haben ja überhaupt keinen Humor, Herr Kollege!
IHRE ABWEHR: *Am vielen Lachen erkennt man den Narren.* Kennen Sie dieses Sprichwort?

SITUATION: Seit einiger Zeit steht die Steuererklärung an und Ihr Partner wird nicht müde, Sie immer wieder anzutreiben, die Erklärung endlich zu Ende zu bringen.
ANGRIFF: Meine Güte, wenn du in diesem Schneckentempo weitermachst, wirst du ja nie fertig!

IHRE ABWEHR (1): *Ob du eilst oder langsam gehst, der Weg vor dir bleibt der gleiche.* So sagt man im fernen Osten. Ich finde, das klingt ganz plausibel.
IHRE ABWEHR (2): Weißt du, manchmal ist ein wenig Langsamkeit durchaus angebracht. Ein hohes Tempo kann auch seine Nachteile haben. Bei Stanislaw Lem habe ich gelesen: *Unerhört schnelle Systeme begehen unerhört schnell Fehler.* Das soll mir hier doch nicht passieren, oder?
IHRE ABWEHR (3): Ich folge nur der Philosophie Gandhis. Er hat einmal gesagt: *Es gibt Wichtigeres im Leben, als beständig dessen Geschwindigkeit zu erhöhen.* Willst du dem widersprechen?

SITUATION: Sie haben einen Freund ins Kino eingeladen und den Film ausgesucht. Leider trifft der Film den Geschmack Ihres Freundes überhaupt nicht.
VORWURF: Was hast du denn für einen langweiligen Film ausgesucht!
IHRE ANTWORT: Das war Absicht. Ich wollte dir etwas Gutes tun. Denn Goethe sagt: *Langeweile! Du bist Mutter der Musen.*[16]

SITUATION: Sie sind Teilnehmer einer Diskussionsrunde. Die übrigen Beteiligten sind eifrig dabei, sich mit ihren Beiträgen zu profilieren, während Sie sich eher zurückhalten. Einer der Teilnehmer bemerkt dies und will Ihre Zurückhaltung gleich für sich ausschlachten.
ANGRIFF: Warum sind Sie denn so wortkarg heute, Frau Meier? Sie haben wohl gar nichts dazu zu sagen, was?
IHRE ABWEHR (1): Wissen Sie, was Margaret Thatcher einmal sagte? *Willst du eine Rede hören, dann wende dich an einen Mann. Willst du Taten sehen, dann geh zu*

[16] Korrekt heißt die Verszeile in der 27. Strophe: *Langeweile! Du bist, Mutter der Musen, gegrüßt.*

einer Frau. Ich denke, ich bleibe fürs Erste bei dieser weiblichen Rolle. (Sind Sie ein Mann, können Sie das Zitat selbstverständlich trotzdem nutzen, müssen dann jedoch eine entsprechende Erläuterung hinzufügen. Möglich wäre hier beispielsweise die augenzwinkernde Formulierung: Ich denke, ich werde es mal eine Weile mit der Frauenrolle probieren.)

IHRE ABWEHR (2): Gar nichts – das wäre dann wohl doch zu viel gesagt. Aber: *Wo Worte selten, haben sie Gewicht.* Ich erinnere mich hin und wieder gern an diesen Satz von Shakespeare.

IHRE ABWEHR (3): Mir scheint es hier doch allzu sehr nach Mephistos Art zuzugehen. Schon der wusste, die Menschen mit Worten zu verwirren, denn: *Gewöhnlich glaubt der Mensch, wenn er nur Worte hört, es müsse sich dabei doch auch was denken lassen.*[17] Meinen Sie wirklich, dass noch mehr Worte hier zur Klärung beitragen?

IHRE ABWEHR (4): Ich weiß nicht, ob ich dazu wirklich auch noch etwas sagen muss. Vielleicht würde es unserer Diskussion ganz gut tun, wenn wir uns an einen Ausspruch von Konfuzius halten. Der sagte: *Der Edle schämt sich, wenn seine Worte seine Taten übertreffen.*

SITUATION: Zwischen Ihnen und einer Kollegin kommt es im Büro immer häufiger zu Spannungen, weil Sie sich gern mit anderen Kollegen unterhalten. Und das durchaus auch etwas ausführlicher.

VORWURF: Frau Meier, müssen Sie eigentlich ständig mit irgendjemandem eine Plauderei abhalten?

IHRE ANTWORT (mit einem Augenzwinkern, denn eigentlich hat Ihre Kollegin ja Recht): Es tut mir leid, ich kann aber nichts dagegen tun. Denn bei mir trifft

[17] Die vollständige Passage aus Mephistopheles' Mund lautet bei Goethe: *Mein Freund, die Kunst ist alt und neu. / Es war die Art zu allen Zeiten, / Durch Drei und Eins, und Eins und Drei / Irrtum statt Wahrheit zu verbreiten. / So schwätzt und lehrt man ungestört; / Wer will sich mit den Narrn befassen? / Gewöhnlich glaubt der Mensch, wenn er nur Worte hört, / Es müsse sich dabei doch auch was denken lassen.*

hundertprozentig zu, was Hugo von Hofmannsthal einmal gesagt haben soll: *Für gewöhnlich stehen nicht die Worte in der Gewalt der Menschen, sondern die Menschen in der Gewalt der Worte.*

SITUATION: Sie teilen sich das Büro mit einem Kollegen, der sehr penibel auf Ordnung bedacht ist und den es immer wieder stört, dass Ihr Schreibtisch in der Regel ein gewisses Maß an Ordnung vermissen lässt.
VORWURF: Auf Ihrem Schreibtisch sieht es wieder einmal aus wie bei meinem Sohn im Kinderzimmer. So kann doch kein Mensch arbeiten! Können Sie nicht etwas Ordnung halten?
IHRE ANTWORT (1): Kennen Sie *Zettels Traum?*[18] Bei mir ist das ganz genauso: *Es sieht aus wie Chaos und ist doch meine ganz eigene Ordnung.*[19]
IHRE ANTWORT (2): Ich bin ja dabei, Ordnung zu schaffen. Aber schon Nietzsche sagte: *Alles Fertige wird angestaunt, alles Werdende wird unterschätzt.*

SITUATION: In einer Diskussion greift ein Teilnehmer Sie immer wieder an und versucht, Sie zu provozieren.

---

[18] Das ist der Titel eines sehr groß angelegten und schwierigen Prosawerks von Arno Schmidt (1914–1979). Arno Schmidt arbeitete immer unter Verwendung umfangreicher Zettelkästen. Die Wendung wird gebraucht, um eine scheinbar chaotische Ansammlung von Zetteln, Unterlagen, Briefen etc. zu beschreiben, deren eigene innere Ordnung nur dem Urheber oder Eingeweihten ersichtlich ist.

[19] So eine Replik kann aber unter Umständen auch zur Vorlage für das Gegenüber werden. Wenn Ihr Kollege gut aufgepasst hat, wird er Ihnen möglicherweise schlagfertig erwidern: „Zettels Traum? Das ist doch wohl eher ein Albtraum, mein Lieber! Bei solchen Träumen wundert es mich kaum, dass Sie manchmal so übermüdet aussehen ...“ Auf dem Bild des Traums/Albtraums ließe sich durchaus noch eine ganze Weile herumreiten. Fällt Ihnen etwas ein, wie Sie darauf reagieren könnten? Träumen ... schlafen ... schlafwandlerische Sicherheit ... aufwachen ... wecken ... wach sein ... hellwach usw. Da finden Sie sicher etwas! Und zumindest wird die Konfrontation etwas abgemildert, wenn Sie sich beide schon einmal auf das gleiche Bild „eingeschwungen“ haben.

Sie reagieren nicht auf diese Provokation, sondern bleiben relativ ruhig. Durch vorsichtiges Formulieren versuchen Sie, die Situation zu entschärfen.
ANGRIFF: Haben Sie denn nichts anderes zu bieten, als ständig nur zu beschwichtigen? Sie trauen sich wohl nicht, eine eigene Meinung zu haben!
IHRE ABWEHR: *Lachen Sie lieber nicht vorschnell über jemanden, der einen Schritt zurückgeht. Er nimmt vielleicht nur Anlauf.*

Sie haben nun ein paar erste konkrete Beispiele für die schlagfertige Anwendung von Zitaten gelesen. Versuchen Sie ruhig einmal, bei einigen der Beispiele genauer zu ergründen, auf welche Weise die Wirkung zustande kommt. Das letzte Beispiel profitiert beispielsweise vor allem von der starken Bildhaftigkeit der Aussage. Wir alle können uns einen Menschen, der gerade Anlauf nimmt, lebhaft vorstellen und haben genau vor Augen, welche Dynamik und welche Kraft in diesem Anlauf stecken. Und es fällt nicht schwer, diese Vorstellung auf die beschriebene Diskussion zu übertragen.

... bei peinlichen Zwischenfällen

Im ersten Abschnitt haben Sie mehr über die Möglichkeiten erfahren, mit verbalen Angriffen umzugehen. In diesem Abschnitt widmen wir uns nun etwas anders gearteten Fällen. Sicher kennen Sie auch diese kleinen Unannehmlichkeiten, Missgeschicke, Pannen oder unangenehmen Zwischenfälle, für die Sie eigentlich nichts können, die Sie aber dennoch immer wieder in Bedrängnis bringen: Das Mikrofon gibt mitten in Ihrer Rede den Geist auf; die schwere Tür schlägt Ihnen die volle Kaffeetasse aus der Hand; Sie verwechseln Ihr Gegenüber mit einer anderen Person; Sie werden mit indiskreten Bemerkungen bedrängt ... All das ist jedem von uns schon passiert.

Doch was dann? In diesen Situationen wäre es ausgesprochen erleichternd, wenn Sie ohne langes Zögern mithilfe einiger schlagfertiger Worte sich selbst aus der Patsche helfen und die Situation einigermaßen retten könnten. Es funktioniert nämlich leider nur selten, eine solch missliche Lage souverän zu überspielen. Auch bleibt sie selten unbemerkt. Und da wir ja nicht einfach davonlaufen können, bleibt uns nichts weiter übrig, als in irgendeiner Form darauf zu reagieren.

Humor ist, wenn man trotzdem lacht

Etwas Humor und eine gesunde Portion Selbstironie sind hier Ihre wichtigsten Helfer. Den meisten Missgeschicken können Sie zumindest einen kleinen Witz entlocken – auch wenn er zunächst auf Ihre Kosten geht. Versuchen Sie, gelassen zu bleiben, einen kühlen Kopf zu behalten und den passenden Spruch parat zu haben! Die folgenden Beispiele befassen sich mit solchen Situationen und zeigen einige Möglichkeiten, wie Sie sich mit Zitaten bei Bedarf aus der Affäre ziehen können.

SITUATION: Sie präsentieren vor der gesamten Abteilung die Planung für das kommende Jahr und haben dafür allerlei technischen Schnickschnack aufgefahren. Alles läuft wunderbar – bis zu dem Moment, in dem Ihr Laptop ohne Vorwarnung seine Mitarbeit verweigert. Nichts geht mehr und auf die Schnelle ist auch nicht herauszufinden, wo das Problem liegt. Es ist klar, dass Sie die Präsentation ohne Ihre Technik fortsetzen müssen. Und da Sie in der Firma als Technikliebhaber bekannt sind, können Sie sich vorstellen, dass Ihre Kollegen gerade anfangen, sich köstlich zu amüsieren.
IHRE REAKTION (1): Liebe Kollegen, ich befürchte, ich muss heute dem Soziologen Arnold Gehlen einmal Recht geben. Er hat gesagt: *Fortschritt ist der Übergang von Situationen, deren Nachteile man kennt, zu Situationen, deren Nachteile man noch nicht kennt.* Jetzt kennen wir also auch die Nachteile dieser Technik; die Vorteile verblassen im Moment dafür leider etwas. Deshalb also: Zurück zu Papier und Bleistift …
IHRE REAKTION (2): Meine Damen und Herren, von so einer Panne lassen wir uns doch nicht den ganzen Tag verderben, oder? *Denn darf eine einzige fehlgeschlagene Hoffnung uns gegen die Welt so unversöhnlich machen?*

Auch Lessing hätte auf seine Frage wahrscheinlich geantwortet: Nein!
IHRE REAKTION (3): Und wieder einmal bewahrheitet sich der Satz: *Wenn etwas schief gehen kann, geht es auch schief.* Nun denn, versuchen wir es auf die herkömmliche Weise …

SITUATION: Sie verschütten auf Ihrem Schreibtisch versehentlich Ihren Kaffee. Er ergießt sich über Briefe und die Tastatur. Ihre Kollegen können sich ein schadenfrohes Schmunzeln nicht verkneifen.
IHRE REAKTION (1): *Das war kein Heldenstück, Oktavio!*[20] (Friedrich Schiller)
IHRE REAKTION (2): *An solchen kleinen Dingen muss man sich nicht stoßen, / wenn man zu großen auf dem Wege ist.* (Christian Friedrich Hebbel)
IHRE REAKTION (3): Da bleibt mir wohl nur, Napoleon zu zitieren: *Vom Erhabenen zum Lächerlichen ist nur ein Schritt.*[21]

SITUATION: Sie erscheinen zu einem Meeting mit einem deutlich sichtbaren Riss im Hosenbein, den Sie sich kurz zuvor eingehandelt haben. Er ist einfach nicht zu verbergen. Alle Anwesenden schielen darauf und lächeln amüsiert.
IHRE REAKTION: Zum Glück war Goethe ein kluger Kopf. Ohne ihn stünde ich jetzt ganz schön lächerlich da, aber er wusste: *Gewisse Mängel sind notwendig zum Dasein des Einzelnen.*

---

[20] In solchen Zusammenhängen wie dem hier beschriebenen kann auf die Nennung der Quelle verzichtet werden. Es wird auch so deutlich, dass es sich um ein Zitat handelt.

[21] Eigentlich wird dieser Ausspruch vor allem dann angewandt, wenn man ausdrücken möchte, dass übertriebene Feierlichkeit oder allzu vornehmes Gebaren schnell ins Komische umschlagen kann. Allerdings kann es auch in der hier beschriebenen Situation gut passen, da es ja sowieso eher ironisch gemeint ist.

SITUATION: Beim Eintreten in den Saal stolpern Sie und können einen Sturz gerade noch so verhindern.
IHRE REAKTION (1): *Was uns den Weg verlegt, bringt uns voran* – hoffentlich irrten sich die alten Chinesischen da nicht …
IHRE REAKTION (2): Ich hätte offensichtlich besser auf Shakespeare hören sollen: *Wer steilen Berg erklimmt, / hebt an mit ruhigem Schritt.*
IHRE REAKTION (3): Man kann sehen: *Übermut tut selten gut.*

SITUATION: Ihr Gesprächspartner gerät während einer Diskussion heftig in Rage und wird unsachlich. Um das Gespräch vernünftig weiterführen zu können, sind Sie gezwungen, Ihn auf seine Ausfälligkeiten aufmerksam zu machen.
IHRE REAKTION (1): Herr Müller, ich sehe, Sie sind felsenfest davon überzeugt, im Recht zu sein. Doch bedenken Sie: *Man verirrt sich nie so leicht, wie wenn man glaubt, den Weg zu kennen.* So sagt man im fernen Osten. Und ich habe den Eindruck, Sie verlaufen sich gerade immer mehr …
IHRE REAKTION (2): Herr Müller, Sie sind gerade der beste Beweis dafür, dass Goethe vollkommen Recht hatte, als er sagte: *Durch Heftigkeit ersetzt der Irrende, was ihm an Wahrheit und an Kräften fehlt.*

SITUATION: Bei einem geselligen Spieleabend geraten zwei Ihrer Freunde plötzlich in eine heftige Streiterei, die sich eigentlich um Nichtigkeiten dreht.
IHRE REAKTION (1): *Oh Freunde, nicht diese Töne!*
IHRE REAKTION (2): *Behutsamkeit / gewinnt den Streit. (Abraham a Santa Clara)*
IHRE REAKTION (3): *Liebe Freunde, ihr streitet um den Schatten eines Esels.*

SITUATION: Bei einer Betriebsfeier versucht eine Kollegin hartnäckig, Ihnen einige Vertraulichkeiten zu entlocken. Sie löchert Sie mit indiskreten Fragen zu anderen Kollegen und gemeinsamen Bekannten.
IHRE REAKTION (1): Kennen Sie eigentlich Jean Cocteau? Von ihm stammt ein sehr kluger Satz: *Takt besteht darin, dass man weiß, wie weit man zu weit gehen darf.*
IHRE REAKTION (2): Es tut mir Leid, aber ich kann darauf leider nicht antworten, denn auch wenn – wie Oscar Wilde sagt – *Fragen niemals indiskret sind, sind es Antworten doch bisweilen sehr wohl.* Und ich möchte wirklich nicht indiskret sein. Da halte ich mich lieber an Wilhelm Busch: *Man liebt den Käse wohl – indessen, / Man deckt ihn zu.*

SITUATION: Sie ertappen Ihren Kollegen beim heimlichen Surfen auf einschlägigen Seiten im Internet.
IHRE REAKTION (1): *Es wird immer genau eine Möglichkeit mehr geben, wie du erwischt werden kannst, als du ausgeschaltet hast.*[22]
IHRE REAKTION (2): Weißt du, was die Waliser sagen: *Ein Mensch, der keine Dummheiten macht, macht auch nichts Gescheites.*

SITUATION: Sie haben sich in der Tür geirrt und unterbrechen mit Ihrem Eintreten versehentlich einen Vortrag.
IHRE REAKTION: Bitte entschuldigen Sie! Ich weiß: *Ein guter Abgang ziert die Übung.* (Friedrich Schiller)

---

[22] Ursprünglich heißt dieses Folgegesetz von Murphy: *Es wird immer genau eine Möglichkeit mehr geben, wie etwas schief gehen kann, als du ausgeschaltet hast.* Aber es lässt sich natürlich sehr gut an die konkrete Situation anpassen.

SITUATION: Sie werden von jemandem angerufen, der sich ganz offensichtlich verwählt hat, jedoch sofort anfängt, auf Sie einzureden, weil er Sie von einer Sache ganz dringend überzeugen möchte. Er ist kaum zu stoppen. Als es Ihnen schließlich doch gelingt, ihm zu sagen, dass Sie nicht der sind, den er eigentlich sprechen wollte, ist ihm die Sache sehr unangenehm. Sie versuchen nun, die Peinlichkeit etwas zu mindern.
IHRE REAKTION (1): Das ist schon in Ordnung. *Wer nicht fragt, der nicht gewinnt!*
IHRE REAKTION (2): Das muss Ihnen nicht unangenehm sein. Wie heißt es doch so schön: *No Risk, no Fun!*

Sie merken: Kleinere Missgeschicke oder Pannen müssen nicht zwangsläufig unerfreulich enden. Ich hoffe, dass die hier zusammengetragenen Beispiele dies verdeutlicht haben. Wer nach der ersten Schrecksekunde geistesgegenwärtig ein passendes Zitat anbringen kann, der wird sich selbst und anderen so manche Peinlichkeit ersparen.

So hilft Ihnen Ihre Schlagfertigkeit auch über brenzlige Situationen hinweg. Wer ein kleines oder auch größeres Malheur nicht gleich zu einem Desaster werden lässt, wirkt sympathisch und souverän. Schließlich ist niemand perfekt!

... bei hausgemachten Schwierigkeiten

Bedauerlicherweise sind es nicht immer nur die anderen oder die misslichen Umstände, die dafür verantwortlich sind, dass bei uns etwas schief geht. Allzu häufig sind wir es selbst. Uns unterlaufen Fehler, wir irren uns, wir schätzen etwas falsch ein, wir verspäten uns, wir vergessen etwas oder treffen falsche Entscheidungen.

Niemand ist vor solchen Fehlgriffen gefeit. Dennoch sind uns diese Situationen in der Regel höchst unangenehm, weil sie einige unserer Schwächen oder Nachlässigkeiten preisgeben. Meistens bleibt uns dann auch nicht mehr viel übrig, als uns zu entschuldigen, zu rechtfertigen oder die Sache zu erklären. Die Angelegenheit zu überspielen oder nach dem Motto „Angriff ist die beste Verteidigung" einfach unbeirrt weiterzumachen, das funktioniert nur selten. Wer aber zu seinen Fehlern und Unzulänglichkeiten steht, hat zumindest noch die Chance auf Akzeptanz oder Sympathie.

Deshalb widmen sich die folgenden Beispiele auch überwiegend dem Versuch, den eigenen Ausrutschern oder Unachtsamkeiten möglichst elegant, aufrichtig, gelassen und mit einer Prise Humor zu begegnen. Große Worte bedeutender Persönlichkeiten können hier gute Dienste leisten. Denn sie zeigen, dass Unfehlbarkeit zum Glück kein Kriterium für Erfolg, Anerkennung und Zufriedenheit ist.

Irren ist menschlich

Problematisch sind persönliche Fehler und Missgriffe nicht nur, weil sie etwas über uns selbst offenbaren, sondern weil wir selbstverständlich auch befürchten, dass sich daraus unangenehme Folgen ergeben könnten – entweder für die Sache oder auch für uns selbst.

Diese Befürchtung ist nicht von der Hand zu weisen, aber vielleicht ein wenig zu relativieren. Nehmen wir als Beispiel die kleine Geschichte des „Millionen-Dollar-Fehlers“, die als Anekdote unterschiedlichen Unternehmerpersönlichkeiten wie Henry Ford, Andrew Carnegie oder John D. Rockefeller zugeschrieben wird:

Der Geschäftsführer eines renommierten Großunternehmens stellte einen neuen Manager ein. Dieser traf nach kurzer Zeit eine unentschuldbare Fehlentscheidung, die das Unternehmen eine Million Dollar kostete. Der Manager trat beschämt vor seinen Geschäftsführer und ersuchte um seine Entlassung. Doch dieser reagierte auf dieses Ansinnen mit den Worten: „Wieso sollte ich Sie den gehen lassen, nachdem wir gerade eine Million Dollar in Ihre Ausbildung investiert haben?“

SITUATION: Sie sind in Ihrer Abteilung unter anderem für die Auswahl und die Anschaffung neuer Arbeitsmaterialen und -geräte zuständig und mussten deshalb über den Neukauf eines recht kostspieligen Gerätes entscheiden. Es standen mehrere Angebote zur Auswahl, darunter auch ein sehr günstiges eines No-

Name-Anbieters sowie ein sehr teures Markenprodukt eines bekannten Herstellers. Trotz intensiven Bemühens und umfangreicher Recherche konnten Sie jedoch nicht zweifelsfrei ermitteln, welche Anschaffung nun langfristig gesehen die günstigere wäre.
Beide Varianten hatten ihre Vor- und Nachteile. Schließlich mussten Sie sich jedoch entscheiden und wählten das billigere Angebot. Bald stellte sich aber heraus, dass das kostengünstigere Gerät nicht zuverlässig arbeitet, sodass die Arbeitsabläufe der Abteilung dadurch empfindlich gestört wurden. Deshalb müssen Sie nun sowohl vor dem Chef als auch vor Ihren Mitarbeitern Ihre Entscheidung rechtfertigen.

IHRE REAKTION (1): Ich muss zu meinem Bedauern zugeben, dass sich die Anschaffung im Nachhinein als Fehlkauf entpuppt hat. Aber ich kann Ihnen versichern, ich habe die Entscheidung nicht leichtfertig getroffen. Auch nach gründlichem Abwägen aller Vor- und Nachteile stand ich immer noch wie *Herkules am Scheidewege*[23]. Nur habe ich ganz offensichtlich den falschen Weg eingeschlagen …

IHRE REAKTION (2): Ich muss zu meinem Bedauern zugeben, dass sich die Anschaffung im Nachhinein als Fehlkauf entpuppt hat. Doch auch nach gründlichem Abwägen aller Vor- und Nachteile war einfach nicht eindeutig zu entscheiden, welches die bessere Lösung gewesen wäre. Und *da ich keine Entscheidung treffen konnte, traf die Entscheidung mich.* Und ganz offensichtlich hat sie gut gezielt … Deshalb liegt die Verantwortung dafür selbstverständlich auch bei mir.

---

[23] Das Bild bezieht sich auf eine Stelle in den *Erinnerungen an Sokrates* von Xenophon (4./3. Jahrhundert v. Chr.). Dort wird eine Geschichte erzählt, nach der Herkules als junger Mann an einer Wegscheide stand, wo ihm zwei Frauen begegneten. Die eine symbolisierte die „Lust“, die andere die „Tugend“. Herkules stand vor der Wahl, sich für ein leichtes, genussvolles Leben oder ein mühevolles, tugendhaftes Leben zu entscheiden. Er wählte schließlich den Weg der Tugend, um die wahren Güter des Lebens erreichen zu können.

IHRE REAKTION (3): Ich muss zugeben, die Anschaffung hat sich als Fehlkauf entpuppt. Ein Sprichwort sagt: *Zu mancher richtigen Entscheidung kommt es nur, weil der Weg zur falschen gerade nicht frei war.* Leider war in diesem Falle der Weg zur falschen nicht nur frei, sondern auch noch gut ausgeschildert.

SITUATION: Sie sollen Ihren Kollegen in einer Präsentation ein gerade erfolgreich abgeschlossenes Projekt vorstellen. Allerdings sind Sie relativ schlecht auf die Präsentation vorbereitet, denn Sie haben Ihre Unterlagen nicht rechzeitig fertig bekommen.
IHRE REAKTION (1): Liebe Kollegen, ich befürchte, ich bin gerade dabei, den zweiten Schritt vor dem ersten zu tun. Ich muss nämlich gestehen, dass mir noch einige Präsentationsunterlagen fehlen. Und ohne diese macht es leider wenig Sinn, von einer Präsentation zu sprechen. Aber wie wir alles wissen: Selbsterkenntnis ist der erste Schritt zur Besserung. Deshalb *gehe ich nicht über Los und ziehe keine 4.000 Euro ein* und werde Ihnen das Projekt einfach auf eine andere Weise vorstellen.
IHRE REAKTION (2): Liebe Kollegen, ich bin leider gezwungen, meiner Großmutter Recht zu geben, die immer sagte: *Vorbereitung ist das halbe Leben.*[24] Ich hätte besser auf sie hören sollen. Jetzt steh ich hier und muss auf die andere Hälfte vertrauen …

SITUATION: Sie müssen in einem Gespräch einsehen, dass Sie einem Irrtum aufgesessen sind und offensichtlich über eine Sache nicht ausreichend Bescheid wussten.
IHRE REAKTION (1): Eigentlich bin ich froh, dass Sie mich aufgeklärt haben. Und wie sagte Schiller: *Nur der Irrtum ist das Leben, / Und das Wissen ist der Tod.*

[24] Nur der Vollständigkeit halber sei erwähnt, dass dies eine Variante von *Ordnung ist das halbe Leben* ist. Aber sicherlich haben Sie dies schon erkannt.

IHRE REAKTION (2): Nun ja. Es bleibt wohl dabei: *Irren ist menschlich.*[25] Und ich bin anscheinend der beste Beweis.

IHRE REAKTION (3): Bei Schiller heißt es: *Mit der Dummheit kämpfen Götter selbst vergebens.* Da sei mir als Mensch ein kleiner Irrtum doch gestattet.

IHRE REAKTION (4): Ich glaube, ich habe hier *im Wasser nach dem Mond geforscht.* Besser wäre es wohl, einmal in den Himmel zu blicken …

IHRE REAKTION (5): Ich berufe mich hiermit ausdrücklich auf mein verfassungsmäßiges Recht auf Dummheit. *Das Recht auf Dummheit wird von der Verfassung geschützt. Es gehört zur Garantie der freien Persönlichkeitsentfaltung.* Und wenn Mark Twain das sagt, wird es wohl stimmen.

IHRE REAKTION (6): Wenn Goethe Recht behält, dann spricht mein Irrtum doch eigentlich für mich. Schließlich sagt er: *Es irrt der Mensch, solang er strebt!*

SITUATION: Sie halten einen Vortrag und merken selbst während Sie reden, dass die Konzeption nicht richtig aufgeht und ein leichtes Chaos entsteht. Ihre Zuhörer haben Schwierigkeiten, alle Gedankengänge wirklich nachzuvollziehen. Durch mehrere Nachfragen aus dem Publikum nimmt die Verwirrung noch weiter zu.

---

[25] *Errare humanum est* ist die lateinische Fassung dieser Redensart. Sie geht vermutlich auf den lateinischen Kirchenvater Hieronymus (um 347–419 oder 420) zurück. Er schrieb in einem seiner Briefe (*Epistulae* 57, 12): *... quia et errasse humanum est et confiteri errorem prudentis.* Die Übersetzung lautet: *... weil es sowohl menschlich ist, geirrt zu haben, als auch klug, den Irrtum einzugestehen.* Doch bereits bei Cicero (116–43 v. Chr.) heißt es in den *Philippischen Reden* (12, 2): *Cuiusvis hominis est errare, nullius, nisi insipientis, in errore perseverare.* Das heißt: *Jeder Mensch kann irren, im Irrtum verharren wird nur der Unkluge.* Der englische Dichter der Aufklärung Alexander Pope (1688–1744) prägte im *Essay on criticism* (*Versuch über die Kritik*) den Ausspruch: *Irren ist menschlich, Vergeben göttlich* (*To err is human, to forgive divine*). Inzwischen kursieren von dieser Redensart auch Abwandlungen wie *Irren ist männlich* oder Erweiterungen wie *Irren ist menschlich, sagte der Igel und kletterte von der Bürste herunter.*

IHRE REAKTION (1): Meine Damen und Herren, es sieht ganz so aus, als könne uns jetzt nur noch der berühmte *Ariadnefaden*[26] helfen, um aus diesen Wirren wieder herauszufinden. Bitte lassen Sie mich versuchen, den Faden aufzunehmen, der uns aus dem Durcheinander herausbringt ...

IHRE REAKTION (2): Meine Damen und Herren, es scheint, in meinem Konzept geht es gerade zu wie bei Wilhelm Tell: *Aufgelöst sind aller Ordnung Bande*[27] schreibt Friedrich Schiller dort. Ich werde erst einmal versuchen, wieder etwas Ordnung herzustellen ...

IHRE REAKTION (3): Meine Damen und Herren, ich befürchte beinahe, dass ich im Moment noch weniger Überblick habe als Sie. Es bewahrheitet sich wohl gerade wieder einmal eine alte Weisheit, die da besagt: *Wer selbst am Spiel beteiligt ist, / wird leicht verwirrt; / wer unbeteiligt zusieht, / der bleibt unbeirrt.* Geben Sie mir bitte einen kleinen Moment ...

SITUATION: In einem Diskussionsbeitrag beziehen Sie sich versehentlich auf falsche Zahlen, was Ihnen von einem anderen Diskussionsteilnehmer natürlich sofort vorgehalten wird.

IHRE REAKTION (1): Vielen Dank für diesen Hinweis. Da lasse ich mich doch gern belehren, denn ich halte es mit dem chinesischen Sprichwort: *Nichtwissen ist nicht schlimm, schlimm ist nur nicht wissen wollen.*

IHRE REAKTION (2): Aber glauben Sie mir: *Man muss die Tatsachen kennen, bevor man sie verdrehen kann.* Das wusste schon Mark Twain. Deshalb also nun zu den richtigen Zahlen ...

---

[26] Dieser Ausdruck entspringt der griechischen Sage, in der Ariadne, die kretische Königstochter, dem Helden Theseus ein Wollknäuel gibt, das ihn aus dem Labyrinth, in dem er den Minotauros töten will, wieder herausführt. Die Sage findet sich unter anderem bei Ovid (43 v. Chr.–17/18 n. Chr.) in den *Metamorphosen* (VIII).

[27] Die genaue Textstelle in Schillers *Wilhelm Tell* heißt: *Denn aufgelöst in diesem Augenblick / Sind aller Ordnung, aller Pflichten Bande.*

IHRE REAKTION (3): Da haben Sie Recht. Der Punkt geht an Sie, und ich muss einsehen: *Langsam wird man durch schöne Lehren belehrt, schnell und wirksam durch drastische Beispiele.* (Friedrich von Schlegel)

SITUATION: Sie wurden zum Essen eingeladen und verspäten sich um etwas mehr als das akademische Viertel. Eine echte Entschuldigung dafür haben Sie leider nicht, außer dass Sie zu spät losgegangen sind.
IHRE REAKTION (1): Meine Mutter hat früher immer gesagt: *Lass dir Zeit. Du kommst noch früh genug zu spät!* Du siehst, sie hatte vollkommen Recht. Entschuldige bitte …
IHRE REAKTION (2): Es tut mir leid, *aber besser spät als nie!*[28]
IHRE REAKTION (3): Oh, ich sehe: *Aller Augen warten auf mich*[29] Entschuldigen Sie bitte meine Verspätung …

SITUATION: Sie werden von Ihrem Kollegen beim heimlichen Surfen auf einschlägigen Seiten im Internet erwischt.
IHRE REAKTION: Ja, ich weiß: *Der Wahn ist kurz, die Reu ist lang.* (Friedrich Schiller) – Du hast ja Recht …

SITUATION: Ein Kollege erwischt Sie dabei, wie Sie heimlich in der Toilette rauchen.
IHRE REAKTION: Es gibt Momente, in denen kann ich Molière einfach nicht widersprechen. Der sagte: *Ein angenehmes Laster ist einer langweiligen Tugend bei weitem vorzuziehen.*

---

[28] Oft werden auch die französische und die englische Variante verwendet: *Mieux vaut tard que jamais* und *Better late than never.*
[29] Dieses Bibelzitat lautet eigentlich: *Aller Augen warten auf dich.*

SITUATION: Sie haben sich bereit erklärt, Ihrem Chef am Wochenende bei der Vorbereitung eines wichtigen Termins zur Hand zu gehen. Insgeheim hoffen Sie darauf, im Gegenzug dafür in der nächste Woche einen freien Tag zu bekommen. Ihr Kollege durchschaut Ihr Manöver und zieht Sie damit auf.
IHRE REAKTION: Ich glaube, da bin ich wirklich kein Einzelfall. Sogar der französische Schriftsteller François de La Rochefoucauld sagte einmal: *Wir würden uns oft unserer schönsten Taten schämen, wenn die Welt die Beweggründe sähe, aus denen sie hervorgehen.*

SITUATION: Sie werden bei einer Feier aufgefordert, eine spontane Rede zu halten. Sie würden sich lieber davor drücken, doch es ist zu spät. Allerdings gelingt es Ihnen nicht, Ihre Nervosität und Unsicherheit völlig zu verbergen.
IHRE REAKTION (1): *Das menschliche Gehirn ist eine großartige Sache. Es funktioniert bis zu dem Zeitpunkt, wo du aufstehst, um eine Rede zu halten.* Ich bin gerade der beste Beweis dafür, dass Mark Twain offensichtlich ein äußerst kluger Mann war.
IHRE REAKTION (2): *Heute Morgen um sieben war die Welt noch in Ordnung*[30] und jetzt stehe ich hier und soll eine Rede halten.
IHRE REAKTION (3): Meine Damen und Herren, ich muss doch gleich einmal Goethe zitieren: *Mir wird von alledem so dumm, als ging mir ein Mühlrad im Kopf herum.*
IHRE REAKTION (4): Ich fühle mich gerade ein bisschen wie der Herr Faust: *Zwei Seelen wohnen, ach, in meiner Brust / die eine will sich von der andern trennen.* Allerdings scheint keine von beiden wirklich hier bleiben zu wollen …
IHRE REAKTION (5): Gut, ich will es versuchen. Wenn die Rede jedoch misslingt, weise ich selbstverständlich jegliche Verantwortung von mir. Friedrich

[30] Eigentlich: *Morgens um sieben ist die Welt noch in Ordnung.*

Schiller sei mein Zeuge: *Bin ich meinem Amte in der Tat nicht gewachsen, so ist der zu tadeln, der es mir anvertraut.*[31]

Die Verwendung von Zitaten und Sprichwörtern dient in den dargestellten Fällen vor allen Dingen der Schadensbegrenzung. Ungeschehen machen können Sie Ihren Fehler damit selbstverständlich nicht. Sie können jedoch versuchen, souverän und humorvoll mit der Situation umzugehen, sodass Sie trotz Ihres Missgeschicks einen guten Eindruck hinterlassen. Und wenn Sie Glück haben, fällt aufgrund Ihrer charmanten Reaktion auch das Urteil Ihres Gegenübers etwas milder aus. Das verhindert im besten Falle, dass die Situation sich zuspitzt und eine echte Konfrontation entsteht. Außerdem signalisieren Sie bei den oben angeführten Beispielen immer ganz klar, dass Sie persönlich die Verantwortung für das Geschehene übernehmen. Das ist in jedem Falle besser als der Versuch, sich irgendwie herauszureden und die Schuld bei anderen zu suchen.

... bei vorbereiteten Reden und im Schriftverkehr

Selbstverständlich können Zitate auch Ihre schriftliche Kommunikation in Briefen oder E-Mails eindrucksvoll bereichern und ebenso eine vorbereitete Rede oder einen von Ihnen verfassten Artikel aufwerten. In diesen Fällen haben Sie natürlich den Vorteil, dass Sie sich nicht nur inhaltlich gezielt vorbereiten und besonders sorgfältig passende Zitate auswählen können, sondern hier sogar Zeit und Gelegenheit haben, Platzierung, Einbindung und exakte Wiedergabe des Zitats im Voraus genau zu durchdenken und entsprechend umzusetzen.

In Texten, die gelesen und nicht gehört werden, haben Sie auch die Möglichkeit, etwas anspruchsvoller formulierte Zitate zu verwenden – natürlich nur, sofern diese auch zum Inhalt des übrigen Textes passen. Sie können auch etwas längere Passagen zitieren, denn der Leser kann in seinem eigenen Tempo das

[31] Die gesamte Textstelle in Schillers *Der Parasit* lautet: *Bin ich meinem Amte in der Tat nicht gewachsen, so ist der Chef zu tadeln, der es mir anvertraut und mit meinem schwachen Talent so oft seine Zufriedenheit bezeugt.*

Zitat aufnehmen und im Zweifelsfall noch einmal nachlesen, was in einer gesprochenen Rede nicht möglich ist.

Aber selbstverständlich sollten Sie hier neben dem Inhalt auch Anlass und äußere Form des Textes beachten. So möchte vermutlich in einer rein informativen E-Mail sicher niemand zweimal einen Absatz nachlesen müssen, weil er das Zitat nicht auf Anhieb verstanden hat. Das Gleiche gilt für längere Anekdoten oder Geschichten.

Beachten Sie unbedingt, dass Sie in schriftlichen Texten oder in vorbereiteten Reden nicht allzu verschwenderisch mit Zitaten und Anekdoten umgehen. Sie erinnern sich: *Wo Worte selten, haben sie Gewicht.* (William Shakespeare) … Gefragt sind letztlich Ihre eigenen Gedanken. Fremde Worte sind und bleiben schmückendes Beiwerk. Und bei übermäßigem Zierrat muss man sich dann unter Umständen den Vorwurf gefallen lassen, den Christoph Martin Wieland schon Lessing gemacht hatte: *Weniger wäre mehr gewesen.*[32]

Wichtig ist natürlich auch die Angemessenheit. In der heutigen Geschäftswelt beschränkt sich gerade die schriftliche Kommunikation ja zumeist nur noch auf den reinen Informationsaustausch. Hier ist für ausgefeiltes Zitieren vermutlich nur wenig Platz. Insofern haben Sie zwei Möglichkeiten: Entweder müssen Sie nach wirklich passenden Gelegenheiten für ausführlichere schriftliche Korrespondenz suchen oder Sie schaffen sich selbst solche Gelegenheiten. Wenn es Ihnen Freude macht, dann bereiten Sie Ihren Bekannten doch auch einmal eine Freude: vielleicht mit einem altmodischen Brief? Ich wette, dass viele Menschen in Ihrem Bekannten- oder Freundeskreis schon lange keinen echten Brief mehr bekommen haben. Oder was halten Sie davon, den Stil Ihrer E-Mails einfach einmal etwas aufzuwerten, indem Sie nicht ausschließ-

---

[32] Christoph Martin Wieland (1733–1813) schrieb 1774 in der Literaturzeitschrift *Der Teutsche Merkur*: *Und minder ist oft mehr, wie Lessings Prinz uns lehrt.* Er bezog sich mit dieser Äußerung auf eine Stelle in Gotthold Ephraim Lessings Trauerspiel *Emilia Galotti*, in welcher der Prinz von Guastalla dem Maler Conti vorhält, dass auf dem Porträt der Gräfin Orsina die Charakterzüge zu sehr geschönt seien: *Nicht so redlich wäre redlicher* (I, 4). Aus Wielands Formulierung ist dann wahrscheinlich die heute übliche Redensart entstanden.

lich auf kommunikative Effektivität setzen, sondern bei passender Gelegenheit der Schreibkultur auch in diesem Medium eine Chance geben? Es ist klar, dass dieses Vorhaben mit Vorsicht zu genießen ist und deshalb mit Bedacht ausgewählt werden muss, ob der konkrete Anlass wirklich passend ist. Doch gerade in privaten Zusammenhängen lassen sich hier sicherlich einige geeignete Gelegenheiten finden – sei es die Einladung zur Geburtstagsfeier, der Glückwunsch zur bestandenen Prüfung, zu einem Jubiläum oder der Beförderung, die Ankündigung eines Umzugs und dergleichen mehr.

Aber auch die geschäftliche Kommunikation muss nicht ausschließlich informativ sein. Sie darf ebenfalls kreativ und ansprechend gestaltet werden – selbst bei Unternehmen, die nicht ausdrücklich im Dunstkreis der Kreativbranche tätig sind! Und Möglichkeiten gibt es viele: Wenn der monatliche Newsletter an die Stammkunden des Unternehmens mit einem treffenden Zitat oder einer amüsanten Anekdote gewürzt ist, dann werden ihn sicher weit mehr Empfänger lesen, als das üblicherweise der Fall ist. Und ob Sie es glauben oder nicht: Ich kenne eine Firma, die sogar ihre Mahnungen mit einem amüsanten Zitat versieht. Und der Effekt ist wirklich verblüffend. Empfindet man Mahnungen ja normalerweise als lästig und unangenehm, erscheinen sie von diesem Unternehmen wie eine freundliche und sympathische Erinnerung daran, dass da noch eine kleine Rechnung offen ist. Kein Vorwurf, keine Drohung mit Mahngebühren oder Ähnliches ist spürbar. Nur die freundliche und überaus verständliche Bitte, die versäumte Zahlung vorzunehmen. Natürlich liegt das nicht an einem einzelnen Zitat, sondern am gesamten Kommunikationsstil dieses Unternehmens und an der deutlich erkennbaren Kundenorientierung. Doch das Verwenden von Zitaten ist ein sichtbares Zeichen dieser Einstellung. Und eine Mahnung ist auf diese Weise keine Drohung, sondern eine Zahlungserinnerung. Dem Kunden wird erst einmal keine böse Absicht unterstellt, sondern einfach menschliches Verhalten – nämlich Vergessen. Und damit kann der Empfänger sehr gut leben. Hier fühlt er sich nicht angegriffen, sondern verstanden. Dass bei Zahlungsverzug natürlich auch die rechtlichen Rahmenbedingungen wie Fristsetzung und Ähnliches beachtet werden, ist selbstverständlich.

Die folgenden Beispiele sind thematisch etwas freier gewählt als bisher und sollen Ihnen vor allen Dingen Anregungen geben, wie Sie im geschriebenen Text oder in einer vorbereiteten Rede Zitate und Sprichwörter unterbringen können, um damit Ihren Auftritt positiv zu akzentuieren. Wenn Sie bei solchen Gelegenheiten mit einem geistreichen Zitat überraschen und überzeugen können, unterstreichen Sie Ihre persönliche Schlagfertigkeit. Sie wirken sympathisch, witzig und souverän. Sie werden Beispiele aus drei Bereichen finden:

- Beispiele aus dem privaten Bereich
- Beispiele für den geschäftlichen Schriftverkehr
- Beispiele für Reden und Präsentationen

Denken Sie bitte bei allen daran, dass es lediglich Beispiele sind. Rohdiamanten, die erst durch Ihre Anwendung in der passenden Situationen den letzten Schliff erhalten.

Zitieren im Privaten

Das erste Bündel von Beispielen bewegt sich im privaten Rahmen und bezieht sich auf E-Mails an Bekannte, Freunde und Familie oder schriftliche Einladungen und dergleichen.

> Liebe Freunde, liebe Familie,
> wer hätte gedacht, dass Shakespeare so sehr Recht bekommt. Vor ein paar Monaten haben wir noch gelacht über meine fixe Idee, einfach einen reichen Mann zu heiraten und schnellstmöglich das Land zu verlassen. *Doch aus Spöttern werden oft Propheten.* Und jetzt ist es so weit. Der Spott wurde Prophezeiung und die Prophezeiung wurde wahr. Im Mai werde ich mein Leben hier zugunsten eines neuen Lebens in Argentinien aufgeben …

◆

> Liebe Freunde und Kollegen,
> *Das wirkliche Leben verliert oft dergestalt seinen Glanz, dass man es manchmal mit dem Firnis der Fiktion wieder auffrischen muss.* Ganz im Sinne von Goethe möchte ich euch deshalb einladen, unserer Premiere am kommenden

Samstag beizuwohnen. Sie ist die nächste günstige Gelegenheit, den matt gewordenen Glanz des Alltags ein wenig aufzupolieren …

Liebe Freundinnen und Freunde,
Ärzte sagen ja immer, man solle nicht so viel essen. Doch wusste schon Heinz Erhardt: *Nichts ist so appetitanregend wie der ärztliche Rat, weniger zu essen.* Wenn es euch genauso geht, dann würde ich mich freuen, euch am kommenden Sonntag zu einem ausgiebigen Frühstück bei mir zu Hause begrüßen zu dürfen. Der Anlass ist mein 38. Geburtstag …

Liebe Angelika,
dieser Gutschein ist gedacht für einen Wunsch, den du dir erfüllen möchtest, ganz gleich, welcher Wunsch es sei. Die einzige Einschränkung, die wir dabei machen: Er muss deinem Vergnügen dienen, darf weder nützlich noch vernünftig sein. Im alten China hieß es: *Für das Essiggeld kaufe keine Sojasoße!* Und so sei es auch hier: Für den geschenkten Genuss kaufe keinen vernünftigen Nutzen!

An alle Freunde, Bekannten, Kollegen, Familienmitglieder,
wir suchen eine neue Wohnung, und obwohl nach den Worten von Schiller gilt: *Raum ist in der kleinsten Hütte / für ein glücklich liebend Paar,* nehmen wir es mit der kleinsten Hütte nicht ganz so genau und suchen nach etwas Geräumigerem für uns, …

Zitieren im geschäftlichen Schriftverkehr

Hier finden Sie einige Vorschläge, wie Sie mithilfe geeigneter Zitate vielleicht auch Ihren beruflichen Schriftverkehr – bei passendem Anlass – etwas farbiger gestalten können. Lassen Sie sich inspirieren und probieren Sie es bei nächster Gelegenheit einfach einmal aus …

Und jedem Anfang wohnt ein Zauber inne. – Sehr geehrte Kunden und Interessenten, mit diesem einprägsamen Gedanken von Hermann Hesse überschreiben wir unseren heutigen Newsletter, da auch wir erneut an einem Anfang stehen und hoffen, dass Sie mit uns gemeinsam an dessen Zauber teilhaben. Seit kurzem …

Liebe Dozenten und Ausbilder,
im Fernen Osten sagt man: *Jedes Ding ist beachtenswert, und da es beachtenswert ist, kann man sich auch daran erfreuen. Dazu braucht es nicht unbedingt seltsam und gewaltig oder wunderschön zu sein. Man kann sich auch an trübem und schwachem Wein berauschen, an Früchten und Gemüse satt essen. Spinnt man diesen Gedanken weiter, was gäbe es dann noch, woran man sich nicht erfreuen könnte!* – Für uns Teilnehmer sind und waren die kleinen, selbstgebackenen Kekse in den Kaffeepausen immer wieder das, woran wir uns erfreuen können, etwas, das für uns beachtenswert ist. Diese machen das Alltägliche zum Besonderen. Deshalb möchten wir …

Sehr geehrte Kollegen und Partner,
hinter uns liegen unruhige Zeiten. Wir haben unsere Lektionen aus den Schwierigkeiten der Vergangenheit gelernt und Konsequenzen gezogen. Doch jetzt ist es an der Zeit, die Gegenwart anzupacken und den Blick wieder nach vorn zu richten. Wir stehen jetzt an einem Punkt, der einen Neuanfang bedeutet. Und diesen Punkt müssen wir wahrnehmen und auskosten. Denn hier liegen unsere Chancen. Bei Nietzsche kann man lesen: *Wer sich nicht auf der Schwelle des Augenblicks, alle Vergangenheiten vergessend, niederlassen kann, wer nicht auf einem Punkte wie eine Siegesgöttin ohne Schwindel und Furcht zu stehen vermag, der wird nie wissen, was Glück ist, und noch schlimmer: Er wird nie etwas tun, was andere glücklich macht.* Lassen Sie uns die Vergangenheit nicht gänzlich vergessen, aber lassen Sie uns nach vorne schauen, denn …

Sehr geehrte Mitarbeiter,
die Entwicklungen der letzten Wochen haben gezeigt, dass die Unternehmensführung einen Fehler gemacht hat. Es bewahrheitet sich, was schon eine alte fernöstliche Weisheit besagt: *Wer Hirse sät, rechne nicht mit Bohnen.* Wir haben Hirse gesät und dennoch mit Bohnen gerechnet – aber natürlich nur Hirse geerntet. Sie alle haben es zu spüren bekommen. Deshalb möchten wir Sie mit dieser Mitarbeiterinformation über den aktuellsten Stand der Dinge und anstehende Maßnahmen in Kenntnis setzen …

Liebe Mitarbeiterinnen, liebe Mitarbeiter,
wir glauben fest an eine alte chinesische Weisheit. Sie besagt: *Fließendes Wasser fängt nicht an zu faulen, eine Türangel wird nicht vom Wurm zerfressen.* Und damit wir alle in Bewegung bleiben, möchten wir ankündigen, dass die Unternehmensleitung sich entschlossen hat, einen Sportraum einzurichten …

Liebe Mitstreiter,
das Leben ist unendlich viel seltsamer als irgendetwas, das der menschliche Geist erfinden könnte. Wir würden nicht wagen die Dinge auszudenken, die in Wirklichkeit bloße Selbstverständlichkeiten unseres Lebens sind. So sagte Arthur Conan Doyle. Nichtsdestotrotz müssen wir es versuchen! Also, liebe Mitstreiter, Glück auf! Wir brauchen eine neue Kampagne – mindestens so seltsam und wagemutig wie das wirkliche Leben!

Zitieren bei Reden und Präsentationen

Hier finden Sie Beispiele für Ihre Rede oder Präsentation – sowohl in beruflichen wie auch privaten Kontexten. Bei Reden und Präsentationen haben Sie vorher Zeit und Gelegenheit, den Text im Einzelnen vorzubereiten. Denken Sie jedoch daran: Ein ausformulierter Text verleitet zum Ablesen und abgelesene Texte wirken oft etwas steif. Deshalb ist ein detailliertes Stichwortmanuskript empfehlenswerter. Hier können Sie längere oder kompliziertere Zitate und Anekdoten auch wörtlich aufnehmen, um diese dann beim Reden griffbereit zu haben und auch korrekt wiedergeben zu können.

Lieber Mathias, liebe Eltern, liebe Gäste!
Ich erinnere mich noch gut, lieber Mathias, an deine Taufe. Da saßen wir in ähnlicher Runde beisammen, bestaunten dich und freuten uns mit deinen Eltern auf deine Zukunft. Wir gaben dir und deinen Eltern die besten Wünsche mit auf den Weg und übernahmen voller Glück unsere Aufgabe als Paten. Heute sehen wir dich als beinahe erwachsenen Menschen und fragen uns erneut, wie wir dir auch weiterhin zur Seite stehen können. Eine mögliche Antwort darauf gibt uns Albert Schweitzer. Er schrieb: *Das Wissen vom Leben, das wir Erwachsene den Jugendlichen mitzuteilen haben, lautet (…) nicht: „Die Wirklichkeit wird schon unter euren Idealen aufräumen“, sondern: „Wachset in eure Ideale hinein, dass das Leben sie euch nicht nehmen kann.“* … (Rede anlässlich einer Konfirmationsfeier)

… nachdem Sie, liebe Kolleginnen und Kollegen, nun ausführlich erfahren haben, welche Probleme hinter uns liegen, welche Schwierigkeiten wir noch angehen müssen und welche Maßnahmen wir ergreifen werden, möchte ich aufhören zu reden. Denn ich halte es mit dem Schriftsteller Eugène Ionesco. Von ihm sind folgende Sätze überliefert: *Das Wort hindert das Schweigen daran, zu sprechen. Das Wort betäubt. Statt Tat zu sein, tröstet es uns, so gut es kann, über unser Nichtstun hinweg.* Die Zeiten des Nichtstuns und Abwartens sind für uns vorbei. Deshalb sind für heute auch genug Worte gefallen. Ich bedanke mich für Ihre Aufmerksamkeit. (Ende eines Vortrags anlässlich anhaltender Schwierigkeiten im Unternehmen)

… die intensive Zusammenarbeit der Mitglieder des Vorstands beeindruckte mich in den vergangenen Jahren immer wieder aufs Neue. Es gab Zeiten, da hatte ich das Gefühl, wir seien alle beinahe miteinander verheiratet und – so heißt es bei Goethe – ich merke wohl, *im Ehestand muss man sich manchmal streiten, denn dadurch erfährt man was voneinander.* Und wir haben wirklich viel voneinander erfahren. Doch wie gute Eheleute haben wir gemeinsam durch gute und durch schlechte Zeiten … (Rede eines Vorstandsmitglieds anlässlich eines Firmenjubiläums)

… ich selbst habe mit meiner Frau schon viele Ehejahre erlebt und hoffe auf mindestens genauso viele für euch, liebe Tochter und lieber Schwiegersohn. Denn: *Die Ehe ist und bleibt die wichtigste Entdeckungsreise, die der Mensch unternehmen kann.* So sagte es der dänische Philosoph Sören Kierkegaard. Und ich muss ihm Recht geben. Nirgends habe ich so viele Erfahrungen machen dürfen wie in den Jahren meiner Ehe. Gute und schlechte Erfahrungen, das ist nicht zu leugnen – aber alle waren sie wertvoll … (Rede des Brautvaters)

Damit sind wir nun am Ende dieses Kapitels angelangt. Ich freue mich, wenn die vorgestellten Situationen und Anwendungsbeispiele für Sie anregend waren. Im folgenden Kapitel werden Sie Impulse mitnehmen können, die Ihren ganz persönlichen Zitatenschatz bereichern werden. Machen Sie den Schritt von der Pflicht zur Kür!

Ihr ganz persönlicher Zitatenschatz

Dieses Buch soll mehr als eine simple Sammlung unterschiedlicher Zitate sein. Denn auch die längsten Listen der schönsten und originellsten Zitate nützen Ihnen nichts, wenn Sie das passende Zitat im richtigen Augenblick nicht zur Hand haben.

Beim Gebrauch von Zitaten sollten Sie drei wichtige Aspekte beachten: Diese sind gleichzeitig auch die drei großen Schwierigkeiten bei der Anwendung von Zitaten.

- Das Zitat muss zur Situation passen.
- Das Zitat muss zu Ihnen selbst passen.
- Es muss Ihnen rechtzeitig einfallen.

Im Folgenden finden Sie zu allen drei Aspekten Anregungen und Impulse. Achten Sie jedoch unbedingt auf eines: Je besser ein Zitat zu Ihnen persönlich passt, umso leichter fällt es Ihnen, dieses im richtigen Moment auch anzuwenden. Etwas vollkommen Fremdes hingegen verschließt sich häufig dem eigenen Zugang und damit auch einer souveränen Verwendung. Und das spürt Ihr Gegenüber ebenso wie Sie selbst. Ein Zitat, das Sie selbst wirklich begriffen haben, ein Zitat, das präzise ausdrückt, was Sie vermitteln wollen und das Sie ohne große Schwierigkeiten korrekt wiedergeben können, harmoniert mit Ihrer eigenen Persönlichkeit. Und diese Harmonie macht Sie für andere authentischer und glaubwürdiger. Wenn Ihre Zuhörer allerdings den Eindruck gewinnen, das Zitat überfordert Sie selbst oder stammt aus einer Quelle, die ansonsten eigentlich nicht Ihr Stil ist, dann führt dies zu Irritationen – und es wäre vermutlich besser gewesen, das Zitat ganz wegzulassen.

Dies heißt nun freilich nicht, dass Sie sich auf Zitate oder Anekdoten beschränken sollen, die genauso klingen wie Ihr „normales“ Sprechen und Schreiben. Was Sie jedoch tun sollten: Machen Sie sich die fremden Worte zu Eigen! Es gibt verschiedene Wege, die Sie dorthin führen können. Einerseits haben Sie die Möglichkeit, mit Wortspielen oder Assoziationsübungen Ihren Wortschatz zu erweitern; andererseits können Sie aber auch nach Hintergrundinformationen zum vorliegenden Zitat suchen, die den ursprünglichen Kontext ein wenig ausleuchten, und das Zitat auf diese Weise verständlicher machen. Oder Sie spielen direkt mit einigen Zitaten, verändern oder kombinieren sie. Der folgende Abschnitt gibt Ihnen einige Impulse für die konkrete Umsetzung dieser Vorschläge.

Spielen Sie mit Zitaten

Eine einfache Möglichkeit für das kreative Spiel mit Worten ist die Kombination oder das Verändern von Redensarten und Zitaten. Das lässt sich sofort und problemlos ausprobieren. Im zweiten Kapitel dieses Buches haben Sie bereits gelesen, dass dies eine gute Möglichkeit sein kann, allzu geläufigen Sprichwörtern und Zitaten wieder etwas Esprit zu verleihen (siehe Seite 28). Aber Sie können dieses Spiel natürlich auch nutzen, um mehr Routine und Sicherheit in der Verwendung von Zitaten zu bekommen. Schon allein deshalb, weil Sie wie ein Klavierspieler, der Tonleitern übt, irgendwann geschickt und mühelos mit den Worten umgehen können, die Sie immer wieder in verschiedenen Varianten zusammengestellt und benutzt haben.

Verändern von bekannten Sprichwörtern

Beginnen Sie zum Aufwärmen am besten mit Ihnen bereits geläufigen Sprichwörtern. Suchen Sie sich eine Hand voll davon aus und verändern Sie diese so, dass die Aussage zu einem ganz bestimmten Kontext passt oder ein bestimmter Aspekt hervorgehoben wird. Achten Sie dabei darauf, dass die ursprüngliche Redensart noch zu erkennen ist. Entscheidend sind hierbei Struktur, Rhythmus und bekannte Schlüsselwörter oder auffällige Stilfiguren des Sprichworts oder des Zitats. In der Regel ist es ratsam, nicht mehr als ein oder zwei dieser Aspekte zu verändern. (Auch dieses Thema haben wir bereits angesprochen: Überfordern Sie Ihre Zuhörer mit Ihrer Kreativität nicht!)

Nehmen wir zum Beispiel die Redensart *Wer zuerst kommt, mahlt zuerst.*[33] Eine einfache Möglichkeit der Veränderung be-

---

[33] Dieser inzwischen zur Redensart gewordene Spruch ist ein mittelalterlicher Rechtsgrundsatz, aufgezeichnet in Eike von Repgows *Sachsenspiegel* (um 1224), einem frühen deutschen Rechtsbuch. In Niederdeutsch heißt es dort: *Die ok irst to der molen kumt, die sal erst malen.*

ziehungsweise Anpassung an eine konkrete Situation ist das Austauschen eines Wortes. Es entsteht beispielsweise: Wer zuerst kommt, **kauft** zuerst. – Sie sehen, sowohl Struktur, Rhythmus als auch wesentliche Schlüsselwörter sind gleich geblieben und dennoch hat sich die Aussage deutlich verändert. Eine stärkere Veränderung ergibt sich nun, wenn Sie zusätzlich die Schlüsselwörter des ersten Teilsatzes austauschen: „Wer zuerst **ruft**, **kauft** zuerst." Oder: „Wer **zuletzt** kommt, **zahlt** zuerst." Etwas problematisch wird es, wenn Sie außerdem auch den Rhythmus verändern: „Wer **zuletzt** kommt, **bereut es** zuerst." Damit begeben Sie sich schon an die Grenze des Möglichen. Die prägnante Struktur dieses Sprichworts hält aber in diesem Fall durchaus einiges aus. Die Struktur selbst zu verändern macht jedoch keinen Sinn, denn sie ist hier das wesentliche Wiedererkennungsmerkmal.

Ein anderes Beispiel: *Viele Köche verderben den Brei.* Die Wörter, die sich hier für eine Veränderung anbieten, sind natürlich „Köche" und „Brei". Je nach Situation lassen sich bestimmte Personen- oder Berufsgruppen und ein entsprechender Gegenstand einfügen. Solange die Abfolge aus „Viele X verderben Y" und die inhaltliche Struktur (irgendjemand wirkt verändernd auf die Qualität von irgendetwas) erhalten bleiben, sind im Prinzip alle möglichen Varianten denkbar: „Viele **Berater** verderben die **Strategie**." Oder: „Viele **Verkäufer** verderben das **Geschäft**." Oder auch: „Viele **Bedenken** verderben die **Idee**." Wollen Sie nun jedoch genau das Gegenteil dessen ausdrücken, dann könnten Sie zum Beispiel sagen: „Viele Köche **veredeln** den Brei." Hiermit würden Sie die Provokation Ihrer Aussage deutlich unterstreichen, da Sie die allgemein anerkannte Aussage einfach konterkarieren. Und da jeder das Sprichwort kennt, wird dies auch jeder bemerken. Doch auch hier sind den Variationen Grenzen gesetzt. Charakteristische Merkmale müssen einfach erhalten bleiben, um das Sprichwort nicht endgültig zu verfälschen. In der letzten Variation sind es zum Beispiel nicht nur die gleichen Wörter, die charakteristisch sind, sondern auch in dem abgewandelten „veredeln" schwingt durch die gleiche Vorsilbe „ver" das „verderben" der Ursprungsvariante mit. Wenn Sie hier Verben ohne diese Vorsilbe benutzen, laufen Sie schnell Gefahr, dass das gesamte

Sprichwort aus den Fugen gerät. Das liegt nun nicht allein an den drei fehlenden Buchstaben, sondern daran, dass in dieser Vorsilbe „ver" inhaltlich der Aspekt der Qualitätsveränderung ist, wie in den Wörtern verschönern, verfeinern, versilbern, vermasseln, verfaulen … Und das ist in diesem Sprichwort das Charakteristikum.

Ein wahrer Meister solcher und noch sehr viel weiterführender Wortspielereien ist mit Sicherheit der Dichter Ernst Jandl. Bei ihm können Sie sich in dieser Hinsicht einiges abschauen. *Eile mit Feile* ist zum Beispiel der Titel einer CD mit von ihm selbst gesprochenen Gedichten und einer seiner Gedichtbände heißt *Laut und Luise.* Wenn Sie sich amüsante Anregungen für das Spielen mit Worten holen möchten, kann ich Jandl nur empfehlen.

Nehmen Sie zur Übung nun ruhig einmal einige geläufige Sprichwörter oder Zitate vor und verändern Sie diese. Hier eine kleine Auswahl für den Einstieg. Beginnen Sie ruhig mit dem Naheliegenden und verändern Sie erst einmal einzelne Wörter. Später können Sie sich dann Schritt für Schritt weiter vor wagen.

- *Lieber den Spatz in der Hand als die Taube auf dem Dach.*
- *Alles neu macht der Mai.*
- *Jammern ist der Gruß der Kaufleute.*
- *Kinder und Narren reden die Wahrheit.*
- *Liebe geht durch den Magen.*

Sicherlich können Sie hier mit einfachen Mitteln auch etwas abgegriffenen Redewendungen neues Leben einhauchen. Das reaktiviert deren Aussagekraft und gibt ihnen etwas Farbe zurück. Denn mit einer kleinen Veränderung oder Verschiebung im sprachlichen Bild bringen Sie die Zuhörer dazu, sich das Bild wieder vor ihrem geistigen Auge vorzustellen. Und das macht letztlich die Wirkung aus. Allzu abgegriffene Redensarten verlieren indes nach und nach ihre Bildhaftigkeit und damit ihre Wirkungskraft, weil sie nur noch als Floskel wahrgenommen werden. Wer sieht denn bei der Redewendung *Wie vom Erdboden verschluckt* wirklich noch einen Menschen in die Tiefen der Erde versinken? Aber genau dieses Bild ist die Grundlage der Wirkung dieser Redewendung. Wenn das eine ausbleibt, bleibt auch das andere aus. Versuchen Sie deshalb, solche floskelhaften Wendungen ein wenig zu verfremden, damit sie wieder als Bilder erscheinen. In diesem Falle vielleicht „Wie vom Asphalt verschluckt …" oder „Wie vom Teppichboden verschluckt …" – das mag auf den ersten Blick etwas albern klingen, erfüllt aber seinen Zweck, weil es eben nicht die übliche Floskel ist, sondern beim Hören irritiert und aufhorchen lässt.

Das Kombinieren von zwei Redensarten oder Zitaten

Das Verändern von bekannten Sprichwörtern im letzten Abschnitt war zum Aufwärmen. Ich hoffe, Sie haben die Übungen auch gemacht, denn: *Übung macht den Meister.* Oder: *Ohne Fleiß kein Preis.*

Im Folgenden geht es um das Kombinieren von zwei Redensarten oder Zitaten. Das ist schon etwas schwieriger, da nicht jede beliebige Kombination möglich ist und zudem eine konkrete Situation erheblichen Einfluss darauf hat, welches Sprichwort womit zusammengefügt werden kann. Auch sind es ganz verschiedene Gesichtspunkte, unter denen so eine Kombination Sinn ergeben wird. Mal sind es inhaltliche Verbindungen zweier Sprichwörter, ein anderes Mal sind es Gemeinsamkeiten im Wortlaut oder in der Satzstruktur – und beim nächsten Mal gelangt man nur über Assoziationen zur Gemeinsamkeit. Hierzu einige Beispiele:

- *Wer im Glashaus sitzt, sollte nicht mit Steinen werfen.* + *An die große Glocke hängen.*[34] = „Wer im Glashaus sitzt, sollte das nicht an die große Glocke hängen."
- *Ein voller Bauch studiert nicht gern.*[35] + *Essen und Trinken hält Leib und Seele zusammen.* = „Ein voller Bauch studiert nicht gern, aber Essen und Trinken hält dafür Leib und Seele zusammen."

---

[34] Diese Redewendung geht zurück auf den alten Brauch, Nachrichten, öffentliche Strafen, drohende Gefahr etc. der Allgemeinheit mit einer Glocke, zum Beispiel mit der Kirchenglocke, anzukündigen. Bei Matthias Claudius (1740–1815) findet sich in *Ein silbern ABC* folgende Lebensregel: *Häng an die große Glocke nicht, / Was jemand im Vertrauen spricht.*

[35] Auch in der lateinischen Variante *plenus venter non studet libenter* gebräuchlich.

- *Der kluge Mann baut vor.*[36] + *Der Klügere gibt nach.* = „Der kluge Mann gibt nach und der klügere baut vor."
- *Eine Schwalbe macht noch keinen Sommer* [37] + *Gelegenheit macht Diebe.*[38] = „Eine Schwalbe macht noch keinen Sommer, aber Gelegenheit macht Liebe."

Gerade das letzte Beispiel ist exemplarisch für eine weitere und sehr gute Möglichkeit, sich die Worte anderer Menschen zu Eigen zu machen und überdies brauchbare Ansätze für deren konkrete Anwendung zu finden: Wenn Sie nämlich über weiterführende Informationen zu einem Zitat oder einem Sprichwort verfügen, so steht Ihnen häufig wertvolles Zusatzmaterial zur Verfügung, das sowohl das Verstehen und Begreifen erleichtert als auch Hinweise für einen sinnvollen Kontext bietet. Außerdem verbergen sich nicht selten völlig neue Aspekte in diesen Zusatzinformationen, die gerade sehr bekannten Zitaten und Sprichwörtern unter Umständen noch einmal eine vollkommen andere Richtung geben und Ihnen als zusätzliches Spielmaterial dienen können. Es liegt auf der Hand, dass solche Wendungen Ihrer Schlagfertigkeit große Dienste erweisen, da Sie damit wirklich ganz unerwartete Überraschungseffekte erzielen können. Dementsprechend sind in die-

[36] In Schillers *Wilhelm Tell* heißt die Textstelle: *Noch stehst du unversehrt. Willst du erwarten, / Bis er die böse Lust an dir gebüßt. / Der kluge Mann baut vor.*

[37] Eine Variante dieser Redensart findet sich schon bei Aristoteles (384–322 v. Chr.) in der Nikomachischen Ethik (1, 6): *Eine Schwalbe macht noch keinen Frühling.* Sie geht vermutlich auf die Fabel vom verschwenderischen Jüngling und der Schwalbe des griechischen Fabeldichters Äsop (um die Mitte des 6. Jahrhundert v. Chr.) zurück. Dort verkauft ein junger Mann unvorsichtigerweise seinen Mantel, als er im Frühjahr die erste Schwalbe sieht. Weil es aber weiterhin kalt bleibt, erfriert die Schwalbe und der junge Mann fühlt sich betrogen.

[38] Dieses Sprichwort findet sich im Englischen als *opportunity makes a thief.* Der englische Philosoph, Schriftsteller und Politiker Francis Bacon (1561–1626) benutzte diese Formulierung in einem Brief an den Earl of Essex. Auch Goethe hat – in *Westöstlicher Diwan* (Buch Suleika) – dieses Sprichwort aufgenommen. Hier beginnt die Liebeswerbung Hatems um Suleika mit den Worten: *Nicht Gelegenheit macht Diebe, / Sie selbst ist der größte Dieb; / Denn sie stahl den Rest der Liebe, / Die mir noch im Herzen blieb.*

sem Buch auch Hinweise oder Hintergründe eines Zitats – sofern verfügbar – in einer entsprechenden Fußnote angegeben, damit Sie diese parat haben.

Für das eben erwähnte Beispiel *Gelegenheit macht Diebe* haben Sie nun als Hintergrundinformation eine ausführlichere Textstelle von Goethe zur Verfügung. Schauen wir im Originaltext etwas weiter, sehen wir auch, dass die Wendung „Gelegenheit macht Liebe" durchaus nahe liegt. Anders als der heutige Gebrauch der Redensart nämlich vermuten lässt, geht es bei Goethe überhaupt nicht darum, dass eine günstige Gelegenheit jemanden zu einem Diebstahl verführt. Letztlich geht es nur um die Liebe:

Hatem:
Nicht Gelegenheit macht Diebe, / Sie selbst ist der größte Dieb; / Denn sie stahl den Rest der Liebe, / Die mir noch im Herzen blieb.

Dir hat sie ihn übergeben, / Meines Lebens Vollgewinn, / Dass ich nun verarmt, mein Leben / Nur von dir gewärtig bin.

Doch ich fühle schon Erbarmen / Im Karfunkel deines Blicks / Und erfreu in deinen Armen / Mich erneuerten Geschicks.

Suleika:
Hochbeglückt in deiner Liebe / Schelt ich nicht Gelegenheit, / Ward sie auch an dir zum Diebe. / Wie mich solch ein Raub erfreut!

Und wozu denn auch berauben? / Gib dich mir aus freier Wahl, / Gar zu gerne möcht ich glauben: / Ja, ich bin's, die dich bestahl.

Was so willig du gegeben, / Bringt dir herrlichen Gewinn; / Meine Ruh, mein reiches Leben / Geb ich freudig: nimm es hin!

Es liegt nun an Ihnen und an der konkreten Situation, ob und wie Sie diese Bedeutung nutzen. Eine Möglichkeit zeigt schon die Variante, in der aus dem Wort „Diebe" einfach „Liebe" gemacht wurde. Das bietet sich angesichts des Goethe-Textes nun einerseits inhaltlich an, anderseits liegen auch die beiden Wörter „Diebe“ und „Liebe“ rein sprachlich sehr nah beieinander, sodass das neue Wort sich mühelos in den Wortlaut einfügen lässt.

Ein weiteres Beispiel ist die Redensart *Sich mit fremden Federn schmücken.* Sie geht zurück auf den Fabeldichter Äsop (ca. 6. Jahrhundert v. Chr.). Sehen wir uns deshalb nun zwei Fabeln an, in denen sich jemand mit fremden Federn schmückt

Die Krähe und andere Vögel

Eine eitle Krähe wollte schöner sein, als sie wirklich war, und zierte sich mit allerlei bunten Federn von andern Vögeln, hauptsächlich von Pfauen.

Allein um die Eitelkeit zu bestrafen und ihr Eigentumsrecht auszuüben, fielen diese über sie her und entrissen ihr nicht nur die geraubten Federn, sondern auch einen Teil ihrer eigenen.

Armseliger wie vorher, stand sie nun wieder da, ein Spott der ihrigen und eine Warnung für alle Eitlen.

Prahle nie mit erborgtem Schimmer, Spott ist sonst dein Lohn.

Die Krähe und die Vögel

Jupiter wollte den Vögeln einen König geben und setzte einen Tag fest, an welchem sie zusammenkommen sollten. Die Krähe sammelte im Bewusstsein ihrer Hässlichkeit die Federn, welche den andern Vögeln ausgefallen waren, und bekleidete sich mit denselben. Als nun der bestimmte Tag kam, ging sie in ihrem bunten Schmucke in die Versammlung. Doch da sie Jupiter wegen ihrer Schönheit zum Könige erwählen wollte, rissen ihr die erzürnten Vögel die Federn aus, indem ein jeder diejenigen herauszupfte, welche ihm zugehörten. So war die Krähe bald wieder nichts anderes, als was sie ursprünglich gewesen war, nämlich eine hässliche Krähe.

Auch jene Menschen, die sich durch fremde Macht erhoben haben und sich nun ihres Reichtums brüsten, gewähren, wenn jeder zurückfordert, was ihm gebührt, einen kläglichen Anblick und sind dann nichts mehr, als was sie früher waren.

Diese beiden Fabeln konkretisieren einige allgemeine Aspekte der Redensart. Hier schmückt sich nicht irgendjemand mit fremden Federn, sondern die Krähe schmückt sich mit den Federn anderer Vögel oder genauer: mit den Federn des Pfaus. Und auch die Folgen solchen Verhaltens werden eindeutig benannt: Spott und Entlarvung sind der Preis, den die Krähe bezahlt. Äsop gibt sogar eine prägnante Formulierung vor, die sich als Umschreibung beziehungsweise Erweiterung der eigentlichen Redensart benutzen lässt: *Prahle nie mit erborgtem Schimmer, Spott ist sonst dein Lohn.*

Aus den Fabeln lassen sich also verschiedene Punkte herauslesen, die nicht nur dem Verständnis zuträglich sind, sondern sich auch sehr gut weiter verwenden lassen. So könnten Sie bei passender Gelegenheit zum Beispiel sagen: „Warum schmückst du dich mit fremden Federn? Hast du es nötig, dich wie eine hässliche Krähe hinter fremdem Schmuck zu verstecken?" Oder: „Was denkst du, was übrig bleibt, wenn man dir die fremden Federn, mit denen du dich schmückst, wieder ausreißt?" Oder: „Und? Von welchem Pfau hast du die fremden Federn denn dieses Mal gestohlen?"

So ein Hintergrundwissen kann für Sie zur wahren Fundgrube werden. Und das gilt nicht nur für die hohe Literatur. Bei Aussprüchen berühmter Persönlichkeiten beispielsweise sind es nicht selten auch die Begleitumstände der Aussage, die Interessantes zutage fördern. Ein bekanntes Beispiel ist das *Heureka!* von Archimedes bei der Entdeckung, dass sich das Volumen von Körpern durch ihre Wasserverdrängung bestimmen lässt. Die Anekdote um diese Entdeckung hat folgenden Inhalt:

Archimedes hatte die schwierige Aufgabe herauszufinden, ob die Krone seines Königs aus reinem Gold oder aus einer minderwertigen Legierung besteht. Das spezifische Gewicht von Gold war zwar bereits bekannt, aber in diesem Fall nützte es nichts. Denn das Volumen der Krone ließ sich nicht genau ermitteln und es war ja unmöglich, die Krone eines Königs einfach einzuschmelzen, um die Menge des Goldes zu messen. Archimedes verzweifelte beinahe an diesem Problem. Zur Entspannung nahm er ein Bad und ließ, zerstreut wie er war, die Wanne bis zum Rand voll laufen. Als er sich hineinsetzte, lief das Wasser über den Rand der Wanne. Blitzartig kam Archimedes in diesem Augenblick die Erleuchtung: Wenn er die Krone in Wasser tauchen würde, hätte das verdrängte Wasser das gleiche Volumen wie die Krone selbst. Anhand des Volumens und des Gewichts könnte er dann den Goldgehalt der Krone problemlos errechnen. Archimedes erkannte sofort die Tragweite seiner Entdeckung und rannte voller Freude (angeblich splitternackt) auf die Straße hinaus und rief: „HEUREKA! HEUREKA!“ (Ich habe es gefunden!)

Diese kleine Episode bietet Ihnen verschiedene Möglichkeiten, humorvoll auf die Umstände Bezug zu nehmen. Versuchen Sie einmal, Situationen zu finden, in denen der Ausruf des Archimedes als Zitat passen könnte und in denen Sie einige Punkte aus der Anekdote mit verarbeiten könnten.

Zitate, Assoziationen und Schlagfertigkeit

Eine wichtige Fähigkeit beim Gebrauch von Zitaten ist Ihr Assoziationsvermögen. Denn Assoziationen stellen letztlich die Verbindung zwischen der Situation und dem Zitat her. Sie können schon von einem einzigen Wort ausgelöst werden, das etwas in Ihnen aktiviert – ein Bild, einen Gedanken, eine Frage, ein anderes Wort oder auch ein Gefühl … Die Möglichkeiten sind zahlreich. Denn hier beginnt das kreative Spiel, in dem Sie Ihren Gedanken wirklich freien Lauf lassen können. Natürlich fällt das nicht jedem Menschen leicht. Ansonsten hätten wir mit unserer Schlagfertigkeit vermutlich kein größeres Problem. Sie können Ihr Assoziationsvermögen jedoch trainieren. Dazu braucht es nur einige kleine Übungen, die zudem auch noch Spaß machen. Schalten Sie dabei aber Ihren inneren Zensor ab! Hier geht es erst einmal nicht um Sinn, Esprit und Originalität. Es geht vielmehr darum, von einem Wort zum anderen, von einem Gedanken zum nächsten zu kommen. Und je weniger Sie darüber nachdenken, umso besser. Versuchen Sie es ruhig einmal. Nehmen Sie sich irgendeinen Satz oder auch nur ein einzelnes Wort und notieren Sie einfach den nächsten Gedanken, der Ihnen dazu spontan einfällt, und dann wieder den nächsten. Sie werden sehen, mit etwas Übung kommen Sie hier sehr schnell auf abenteuerliche und kreative Assoziationen. Und noch einmal zur Erinnerung: Es geht nicht darum, möglichst sinnvolle Assoziationsketten zu finden, sondern darum, den Gedanken – ganz im wortwörtlichen Sinne – freien Lauf zu lassen. Hier ein kleiner Versuch:

Eine richtige Antwort ist wie ein lieblicher Kuss. → Kiss of Life → Mund-zu-Mund-Beatmung → Atmen → Nase → lange Nase → Pinocchio → *Wer einmal lügt, dem glaubt man nicht.* → *Lügen haben kurze Beine* → die Beine in die Hand nehmen → Wie das wohl aussieht? → dumme Frage → Es gibt nur dumme Antworten. → Gestern hab ich dumm geantwortet. → dumm sterben → *Nur der Irrtum ist das Leben, / Und das Wissen ist der Tod.* → Wissenschaft → Fortschritt → und so weiter und so fort …

Und noch einer:
Schlagfertigkeit → *Knüppel* → *Den Nagel auf den Kopf treffen* → *zugespitzte Situation* → *Auf Messers Schneide* → *Was wolltest Du mit dem Dolche, sprich* → *Dolchstoß* → und so weiter, und so fort …

Und noch ein dritter Versuch (*aller guter Dinge sind drei*):
Morgenstund hat Gold im Mund → Mund → Zähne → Zahnarzt → Bohrer → Dünnbrettbohrer → Brett vor dem Kopf → Kopf oder Zahl → Geld → *Gebt dem Kaiser, was des Kaisers ist …* → Kirche → Kirchensteuer → und so weiter und so fort …

Nehmen Sie sich zwei Minuten Zeit. Legen Sie bitte jetzt das Buch zur Seite, schauen Sie zur Decke und beginnen Sie Ihre eigene Assoziationskette mit: *Alles Gute kommt von oben.*

Und? Sicherlich haben Sie die Assoziationen in ganz *fremde Gefilde* gebracht – stimmt's? Oder haben Sie etwa die Übung übersprungen? In diesem Fall: *Gehe nicht über Los und ziehe keine 4.000 Euro ein.*

Sie können aber auch versuchen, über das Assoziieren zu einem bestimmten Begriff immer neue Wörter zu finden. Hier eignen sich beispielsweise Zahlen sehr gut, weil sie von vornherein mit verschiedenen Bedeutungen belegt sind:

- **Eins:** Erster sein, Einzeller, Einakter, Einbahnstraße, Einzahl, Einzelbett, Einzelfall, Einzelkämpfer, Einzelkind …
- **Zwei:** Zweibeiner, zweiter Sieger, Zweidrittelmehrheit, zweifarbig, doppelt, Zweifel, Zwiegespräch, Zwielicht …
- **Drei:** die drei Musketiere, Dreiklang, Dreifaltigkeit, Dreieck, Dreigestirn, Dreikäsehoch, 3-Meter-Brett, die heiligen drei Könige …
- Und was fällt Ihnen zu den Zahlen 4 bis 12 so alles ein?

Assoziationsübungen sind immer auch Wortschatzübungen, denn je weiter Ihre in Worte gefassten Assoziationen reichen, umso weiter entfernen Sie sich meist auch von Ihrem üblichen Sprachgebrauch. So können Sie Ihren aktiven Wortschatz erweitern. Und ein umfangreicher aktiver Wortschatz ist für das assoziative Spiel mit Worten – und schlagfertiges Zitieren ist letztlich nichts anderes! – unerlässlich.

Ein facettenreicher Wortschatz zeichnet sich dadurch aus, dass Sie für ein und dieselbe Sache verschiedene Wörter zur Verfügung haben und dass Sie je nach Situation auch mit diesen Synonymen arbeiten. Viele laufen Gefahr, sich ein Standardvokabular anzueignen und so immer wieder das Gleiche zu sagen, denn Situationen und Sachverhalte wiederholen oder ähneln sich nicht selten. Und auch hier können Sie gleich aktiv werden und eine Übung machen: Notieren Sie sich doch einmal einige der häufigsten Vokabeln, die Sie beispielsweise bei Ihrer Arbeit benutzen. Suchen Sie nun zu diesen Wörtern mehrere Synonyme (benutzen Sie dazu ruhig ein Synonymwörterbuch!) und versuchen Sie, diese in nächster Zeit auch wirklich zu verwenden. Denn nur wenn Sie die Wörter tatsächlich in Ihrem Arbeitsalltag benützen, gehen sie in Ihren aktiven Wortschatz über. Bloß darüber nachzudenken, reicht in diesem Fall leider nicht aus. Hier wieder einige Beispiele:

- **Vorteil:** Nutzen, Profit, Bonus, Plus, Vorzug, Trumpf, Für und Wider, Oberwasser haben …
- **Erneuern:** auffrischen, wiederherstellen, renovieren, restaurieren, modernisieren, auswechseln …
- **Verwirklichen:** realisieren, umsetzen, Wirklichkeit werden lassen, in die Tat umsetzen, Ernst machen mit, erledigen, bewirken, bewerkstelligen …

Sie merken, in diesem Kapitel ging es um Folgendes: Schlagfertigkeit mit Zitaten kann letztlich nur auf der Basis eines bewussten und auch kreativen Umgangs mit Ihrer Sprache funktionieren. Assoziationsvermögen und ein großer aktiver Wortschatz sind notwendige Bedingungen dafür. Beides können Sie trainieren und ausbauen. Und zwar nicht, indem Sie angestrengt irgendetwas auswendig lernen, sondern indem Sie spielerisch mit Wörtern und Gedanken umgehen. Dieses Training können Sie mühelos in Ihren ganz normalen Alltag einbauen – ein wenig Aufmerksamkeit für das eigene Sprechen und Schreiben ist der beste Einstieg. Zitate und Sprichwörter sind dabei gute Helfer, weil sie Ihnen eine Menge sprachliches und inhaltliches Material sowie diverse Möglichkeiten zum Spielen an die Hand geben.

Ihre persönlichen Vorlieben

Zu den bereits genannten grundlegenden Aspekten beim Gebrauch von Zitaten und Sprichwörtern gehört, dass das Zitat zu Ihnen selbst passen muss. Dieser Punkt ist sehr wichtig und deshalb wird sich dieser Abschnitt noch einmal ausführlich mit dem persönlichen Zuschnitt von Zitaten befassen.

Die einfachste Methode, um ganz allgemein zu überprüfen, ob Zitate zu Ihnen passen, ist die Frage: Gefällt mir dieses Zitat überhaupt? Hier können Sie ganz intuitiv antworten. Und wenn die Antwort „Ja" lautet, kann das Zitat schon einmal nicht völlig an Ihrer Persönlichkeit vorbeigehen. Denn unsere persönlichen Vorlieben und unser Geschmack sind ja untrennbar mit unserer Persönlichkeit verbunden. Und oft ist es auch so, dass uns in erster Linie solche Dinge gefallen, die wir in irgendeiner Weise verstehen und begreifen, zu denen wir irgendeine Beziehung herstellen können. Ansonsten könnten wir nämlich schwerlich sagen, es gefällt uns.

Ihr persönlicher Geschmack ist deshalb auch ein guter Ausgangspunkt, um nach weiteren Zitaten zu suchen, die wirklich auf Ihre Person zugeschnitten sind. Nehmen Sie sich zum Einstieg einfach einen Autor, von dem Sie bereits ein Zitat gefunden haben, das Ihnen gefällt, und suchen Sie nach weiteren Zitaten von ihm. Eine solche Suche lässt sich zum Beispiel im Internet sehr gut realisieren. Auf den einschlägigen Websites (zum Beispiel *www.zitate.de* oder *www.wikiquote.de*) gibt es in der Regel Suchfunktionen, mit denen Sie gezielt nach Zitaten Ihres favorisierten Autors suchen können. Lesen Sie auch Bücher oder Artikel von dieser Person und beachten Sie, dass sich gerade in Interviews oft prägnante und gut zitierbare Formulierungen finden lassen. Wenn Sie also beispielsweise schon mehrere Zitate von Richard von Weizsäcker für passend gehalten haben, weil Ihnen seine Denkweise liegt, dann spricht einiges dafür, sich auf die Suche nach weiteren prägnanten Aussagen von ihm zu begeben. Und Interviews sind sicher eine reichhaltige Quelle dafür.

Überlegen Sie sich auch, wo Ihre persönlichen Standpunkte zu bestimmten Themen liegen und welche prominenten Unterstützer für Sie infrage kommen könnten. Je klarer Sie sich über Ihre eigenen Ansichten sind, desto gezielter können Sie nach entsprechenden Zitaten suchen und umso genauer passen Sie zu Ihnen selbst und zu dem, was Sie sagen wollen. Doch hierzu kommen wir im nächsten Kapitel noch ausführlicher (siehe Seite 107 ff.) …

Natürlich stehen Ihnen nicht für jede x-beliebige Person Interviews zur Verfügung, sodass Sie auch auf andere Quellen zurückgreifen müssen, das können Primärquellen – also die Originaltexte – oder auch Sekundärquellen sein, wie zum Beispiel Zitatensammlungen. Darin finden Sie auch häufig Hinweise auf die zugrunde liegende Primärquelle, sodass Sie bei Interesse an entsprechender Stelle weiter nach zitierenswerten Aussagen stöbern können. Auch Sammlungen von Weisheiten, Sprichwörtern, Bauernregeln, Aphorismen und dergleichen können wunderbare Schätze zutage fördern.

Investieren Sie ruhig etwas Zeit in die Recherche. Es wird sich mit Sicherheit lohnen und interessant ist es obendrein. Achten Sie auch auf Personen, die wiederum von Ihrem Favoriten zitiert werden. Möglicherweise tut sich dort eine ganz neue Quelle für Ihren eigenen Zitatenschatz auf. Das Gleiche gilt für die Gegenspieler der Personen, die Sie selbst gern zitieren. Eine Auseinandersetzung mit der Gegenposition verschafft Ihnen die Möglichkeit, schon im Vorfeld einer Diskussion oder eines Streitgesprächs einige Gegenargumente der anderen Seite kennenzulernen und sich darauf vorzubereiten. Und wenn Sie vielleicht ein Zitat der gegnerischen Position, das Sie direkt widerlegen können, parat haben, können Sie sehr wirkungsvoll und überzeugend argumentieren.

Doch Zitat ist nicht gleich Zitat. Machen Sie sich die verschiedenen Typen von Zitaten bewusst! Anhand dieser Kategorien können Sie oft leichter beurteilen, ob ein bestimmtes Zitat zu Ihnen passt oder eher nicht – wobei Sie selbstverständlich immer auch die Möglichkeit haben, Zitate, die auf den ersten Blick nicht zu Ihnen passen, ganz bewusst zu verwenden, um Erwartungen zu unterlaufen und einen besonderen Überraschungseffekt zu erzielen. Wenn beispielsweise ein Literaturprofessor, von dem man mindestens ein Zitat aus der Weltliteratur erwartet, mit einer simplen Bauernweisheit daherkommt, dann kann das durchaus einen äußerst positiven Effekt haben. Schauen wir uns einmal einige Zitat-Typen an.

Sprichwörter und Redensarten

Sehr naheliegend sind in jedem Falle Sprichwörter und Redensarten. Sie sind den meisten Menschen geläufig, allgemein verständlich, schnell zur Hand und in der Regel einfach anzuwenden. Der Nachteil: Sie sind in der Regel nicht besonders originell und der Überraschungseffekt gering. Darunter leidet unter Umständen die Schlagfertigkeit, was aber zum Beispiel durch überraschende Assoziationen oder kreative Abwandlungen wieder wettgemacht werden kann.

Bauernregeln und alte Weisheiten

Nicht ganz so geläufig, aber von der Charakteristik her ähnlich sind Bauernregeln und alte Weisheiten (zum Beispiel alte chinesische Weisheiten). Sie überzeugen zumeist durch ihre Allgemeingültigkeit, Langlebigkeit und weitgehende Unantastbarkeit – wer will schon ernsthaft Konfuzius widersprechen?

Zitate von Prominenten

Ganz anders hingegen verhält es sich mit Zitaten von so genannten Prominenten, also Stars und Sternchen des aktuellen Tagesgeschehens. Diese sind zwar häufig sehr amüsant, allerdings entbehren sie in den meisten Fällen einer echten Autorität. Zudem sind prominente Menschen manchmal auch recht streitbare Personen, sodass hier die Auswahl mit Vorsicht erfolgen sollte. Für einen Gag sind solche Zitate aber allemal gut. Doch haben sie für sich genommen inhaltlich oft nur wenig Überzeugungskraft. Hier profitieren Sie eher von der Originalität der Aussage oder vom Humor des Urhebers.

Zitate historischer Persönlichkeiten

Große Worte historischer Persönlichkeiten besitzen wiederum eine sehr große Autorität. Allein der Umstand, dass diese Worte über so lange Zeit überliefert wurden und wir den Verfasser immer noch – möglicherweise sogar noch nach vielen Jahrhunderten – kennen, verleiht den Aussagen Ansehen und Geltung. Hier können Sie in vielen Fällen mit Zusatzinformationen zur Entstehung und zu den Begleitumständen der Aussage punkten. Gerade die historischen Zusammenhänge decken oft interessante Aspekte auf. Zu beachten ist hierbei allerdings, dass Ihnen der Bezug auf historische Persönlichkeiten auch als altmodisch und rückwärtsgewandt ausgelegt werden kann.

Das literarische Zitat

Das literarische Zitat ist selbstverständlich etwas ganz Besonderes. Es lebt von der Poesie und der Prägnanz der Formulierung und überzeugt durch die bildhafte Sprache. Selbst simple Gedanken klingen aus Schillers oder Goethes Mund oft gleich viel überzeugender. Diese Stärken eines literarischen Zitats stellen aber gleichzeitig auch Schwierigkeiten für die Verwendung dar. Denn gerade sehr poetische, sprachlich anspruchsvolle Zitate lassen sich nicht so ohne weiteres in einen Gesprächs- oder Redezusammenhang einbinden. Außerdem kann es auch sein, dass solch ein Zitat vom Gesprächspartner oder Zuhörer nur schwer zu verstehen ist, da die literarische Sprache nicht immer gleich beim ersten Hören vollständig erfasst wird. Problematisch ist möglicherweise auch, dass literarische Zitate ja überwiegend fiktionalen Zusammenhängen entnommen sind. Somit kann von Ihrem Gesprächspartner durchaus mit Recht angezweifelt werden, welchen Wert eine fiktive Aussage für die Wirklichkeit hat. Auch die Frage der Autorität ist unklar. Denn bloß weil ein Satz einer literarischen Figur in den Mund gelegt wird, heißt das noch lange nicht, dass er auch die Meinung des Dichters widerspiegelt. Ist die ausgewählte Figur zum Beispiel ein Gegenspieler des Protagonisten, kann deren Aussage auch das genaue Gegenteil der Meinung des Dichters sein. Zwar nehmen wir und unsere Gesprächspartner es damit meist nicht so genau, dennoch sollten Sie sich dieser Punkte bewusst sein. Denn wenn jemand Ihnen inhaltlich nichts mehr entgegenzusetzen hat, stürzt er sich vielleicht gern auf diese Formalien.

Zitate von Philosophen

Die Autorität eines Philosophen ist ebenso groß wie angreifbar. Die Philosophie lebt von der steten Auseinandersetzung der verschiedenen Standpunkte. Es gibt keine philosophische Strömung, zu der es nicht auch eine Gegenströmung gäbe. Ein unreflektierter Einsatz solcher Zitate kann also rasch einmal zum Fehlschlag werden. Gerade bei Philosophen läuft man schnell Gefahr, ein Zitat falsch wiederzugeben beziehungsweise so aus dem Zusammenhang zu reißen, dass eine vollkommen andere Aussage entsteht, als vom Autor selbst beabsichtigt. Auch fällt es nicht immer leicht, die richtigen Schlussfolgerungen und Interpretationen aus den kurzen Textstellen zu ziehen. Denn philosophische Gedankengänge sind in der Regel weit verzweigt und nicht auf kurzem Wege nachzuvollziehen. Hier ist also Vorsicht geboten, denn schnell steht unter Umständen jemand bereit, der den Originaltext gelesen hat und es besser weiß als Sie. Bedenken Sie zudem, dass das Zitieren von Philosophen meist einen bestimmten Bildungsgrad bei den Anwesenden voraussetzt, der die Annahme rechtfertigt, dass sie den zitierten Philosophen überhaupt kennen und verstehen. *Die Grenzen meiner Sprache sind die Grenzen meiner Welt*, so Ludwig Wittgenstein.

Fachspezifische Zitate

Das fachspezifische Zitat bezieht sich selbstredend auf die Anwendung in ebenso fachspezifischen Zusammenhängen. Das können zum Beispiel für Spitzenmanager wichtige Aussagen von Wirtschaftsexperten oder für Forscher die Argumente von Koryphäen ihres Fachs sein. Aber auch Zitate aus sehr speziellen Zusammenhängen oder Werken, die nur eine bestimmte Zielgruppe ansprechen, fallen in diese Kategorie. Zu Beginn des Buches ist schon einmal der Opernfreund erwähnt worden. Für ihn wird ein Satz des Tristan aus *Tristan und Isolde* sicher eine Bedeutung haben, für Menschen ohne besonderes Interesse für die Oper vermutlich nicht. Bei dieser Art der Zitate ist deshalb die Angemessenheit von besonders großer Wichtigkeit. Sie entfalten Ihre Wirkung nur im entsprechenden Rahmen und sind nicht mehr für die Allgemeinheit verständlich. Von Natur aus haben fachspezifische Zitate eine große Aussagekraft, da sie ja von Fachleuten kommen. Doch Vorsicht: Fachleute haben immer auch genauso kompetente Kollegen, welche die Gegenposition vertreten. Insofern fordern solche Zitate manchmal zum Widerspruch geradezu heraus.

Anekdoten

Die Verwendung von Anekdoten dient zumeist der bildlichen Veranschaulichung von Gedanken und Argumenten oder dem Unterstreichen einer Aussage. Sie wirken also weniger argumentativ als viel mehr illustrativ. Das kann aber ebenfalls sehr überzeugend sein. Außerdem beleben sie bei passendem Einsatz das Gespräch, die Rede oder die Präsentation, was wiederum Ihrer persönlichen Überzeugungskraft zuträglich ist. Hier spielt die Autorität des Urhebers kaum eine Rolle, entscheidender ist, ob die Anekdote inhaltlich wirklich passt, anschaulich erzählt wird und eine gute Pointe hat.

Eigene Zitate

Selbstverständlich dürfen Sie auch sich selbst zitieren – sei es aus einer eigenen Veröffentlichung, einem zurückliegenden Gespräch, einem gehaltenen Vortrag oder einer ähnlichen Quellen. Wichtig ist nur, dass es sich wirklich um ein treffendes Zitat handelt – und nicht nur um Schleichwerbung für Ihr Buch oder Selbstdarstellung in der Art: „Wissen Sie, in meinem 2004 erschienenen Buch ‚Kundenbindung'[39] habe ich ..."

[39] Wobei ich Ihnen trotz meiner oben stehenden Warnung die Lektüre meines Buchs *Kundenbindung* empfehlen möchte, denn darin finden Sie viele Beispiele für den erfolgreichen Einsatz von Zitaten.

Überzeugen müssen hierbei der Inhalt und die Prägnanz der Aussage, denn nur wenige Menschen haben einen Status, der es ihnen erlaubt, ihre Argumentation mit der Autorität der eigenen Person zu untermauern.

Typische Situationen und dazu passende Zitate

Der letzte Abschnitt dieses Kapitels soll Ihnen noch einmal ganz konkrete Hilfestellungen für Ihre Schlagfertigkeit mit Zitaten geben. Dazu finden Sie im Folgenden typische Situationen, bei denen Sie Zitate einsetzen können, aufgelistet und durch thematisch passende Zitate oder Redewendungen ergänzt. Sie können diese situationsbezogen sortierte Sammlung als Vorlage nutzen, um tatsächlich anstehende Rede- oder Gesprächssituationen vorzubereiten.

Genaue Anregungen für die Umsetzung haben Sie ja in den vorangegangenen Beispielen des Buches bereits erhalten, so dass die folgende Zusammenstellung auf weitere Erläuterungen verzichtet. Hier soll es vor allem darum gehen, Ihnen für wiederkehrende Situationen eine Hand voll passender Zitate anzubieten, übersichtlich aufgelistet und schnell verfügbar. Die letzte Entscheidung darüber, ob ein Zitat wirklich passt oder nicht, können Sie jedoch nur angesichts des ganz konkreten Kontextes und Anlasses der Rede beziehungsweise des Gesprächs treffen. Das lässt sich bei der folgenden Auflistung selbstverständlich nicht im Detail berücksichtigen.

Ein Streitgespräch

- *Brechen Sie dies rätselhafte Schweigen* (Friedrich Schiller)
- *Allein es steht in einem andern Buch* (Johann Wolfgang von Goethe)
- *Schreibtafel her! Ich muss mir's niederschreiben, / Dass einer lächeln kann, und immer lächeln, / Und doch ein Schurke sein.* (William Shakespeare)
- *Viel Wissen bedeutet noch nicht Verstand.* (Heraklit)
- *Am zähesten wird verteidigt, was nicht existiert.* (Ludwig Marcuse)
- *Mit jemandem Katz und Maus spielen*

- *Charakterlosigkeit ist ein Mythos, den biedere Individuen geschaffen haben, um damit die Faszination anderer Leute erklären zu können.* (Oscar Wilde)
- *Dunkler Ehrenmann*[40] (Johann Wolfgang von Goethe)
- *Ein Gedanke, der nicht gefährlich ist, ist gar nicht wert, ein Gedanke zu heißen.* (Oscar Wilde)
- *Gewisse Stubenhocker sind gewohnt, alles zu bezweifeln, weil sie nichts sehen.* (Honoré de Balzac)
- *Falsche Bescheidenheit ist die schicklichste aller Lügen.* (Nicolas de Chamfort)

Ein Schlichtergespräch

- *Offenheit verdient immer Anerkennung.* (Otto von Bismarck)
- *Gesammeltes Schweigen* (Heinrich Böll)
- *Advocatus Diabol*[41]
- *Sich an die Buchstaben klammern*
- *An einem seidenen Faden hängen*
- *Wer seine Gedanken nicht auf Eis zu legen versteht, der soll sich nicht in die Hitze des Streites begeben.* (Friedrich Nietzsche)
- *Besser auseinander gehen in Einigkeit, als immerdar beisammen sein in Zank und Streit.* (Carl Spitteler)
- *Durch allzu langen Streit verliert man die Wahrheit.* (Publilius Syrus)

---

[40] Dieser Ausdruck bezeichnet heutzutage einen für ehrenhaft gehaltenen Mann, der es in Wahrheit gar nicht ist. Seine Machenschaften liegen jedoch im Dunkeln und sind nicht nachzuweisen. Die Wendung geht auf eine Stelle in Goethes *Faust* zurück, wo Faust beim Osterspaziergang zum Schüler Wagner von seinem Vater und von dessen Alchemistenkünsten erzählt. Dort hat „dunkler Ehrenmann" jedoch noch nicht die negative Bedeutung von heute. „Dunkel" bedeutet vielmehr, dass die Tätigkeiten des Vaters für den Uneingeweihten nicht durchschaubar sind. Die Textstelle lautet: *Mein Vater war ein dunkler Ehrenmann, / Der über die Natur und ihre heil'gen Kreise/In Redlichkeit, jedoch auf seine Weise,/Mit grillenhafter Mühe sann.*

[41] Die wörtliche Übersetzung heißt „Anwalt des Teufels". Man bezeichnet damit eine Person, die mit ihren Argumenten die gegnerische Seite vertritt, ohne selbst dieser Gegenseite anzugehören. Der Ursprung dieser Redewendung liegt im katholischen Kirchenrecht. Der Advocatus Diaboli hatte beim Prozess um eine Selig- oder Heiligsprechung die Gründe vorzubringen, die dagegen sprechen könnten.

- *Apfel der Zwietracht / Zankapfel*[42]
- *Audiatur et altera pars*[43] (Seneca)
- *Es ist leichter, Europa zu einigen, als zwei zerstrittene Frauen miteinander auszusöhnen.* (Ludwig XIV.)
- *Es ist Unsinn, Türen zuzuschlagen, wenn man sie angelehnt lassen kann.* (James William Fulbright)
- *Was nicht zusammen kann bestehen, tut am besten, sich zu lösen.* (Friedrich Schiller)
- *Wer einen ebenbürtigen Gegner überlebt, wird entdecken, dass ihm etwas fehlt.* (Otto von Bismarck)
- *Sich auf halbem Wege entgegenkommen*

Eine Geburtstagsrede im Familienkreis

- *Glück ist das Zusammentreffen von Phantasie und Wirklichkeit.* (Alexander Mitscherlich)
- *Die Stärke der Gefühle kommt nicht so sehr vom Verdienst des Gegenstandes, der sie erregt, als von der Größe der Seele, die sie empfindet.* (Théodore Jouffroy)
- *Denn dem Glück, geliebt zu werden, gleicht kein ander Glück auf Erden* (Johann Gottfried Herder)
- *Leicht ist es, ein Reich zu regieren, aber schwer eine Familie. Zu einer friedlichen Familie kommt das Glück von selber.*
- *Wir sind geboren, um gemeinsam zu leben. Und unsere Gemeinschaft ähnelt einem Gewölbe, in dem die Steine einander am Fallen hindern.* (Seneca)
- *Kummer sei lahm! / Sorge sei blind! / Es lebe das Geburtstagskind!* (Theodor Fontane)
- *Welche Freude, wenn es heißt: / „Alter, du bist alt an Jahren / aber blühend ist dein Geist."* (Gotthold Ephraim Lessing)

---

[42] Der Zankapfel wird auch Erisapfel oder Apfel der Zwietracht genannt. Er bezeichnet den Gegenstand eines Streits. Der Name geht zurück auf die griechische Göttin Eris, die Göttin der Zwietracht. Nach der Sage warf die nicht zur Hochzeit der Thetis mit Peleus geladene Göttin einen Apfel mit der Aufschrift „der Schönsten" unter die Hochzeitsgesellschaft. Dadurch kam es zum Streit zwischen Hera, Athene und Aphrodite. Paris erkannte den Apfel der Aphrodite zu und entzündete so den Trojanischen Krieg.

[43] *Man muss auch die Gegenpartei anhören.*

- *Je älter man wird, je hastiger tritt sie einem auf die Hacken, die Zeit, die so genannte.* (Wilhelm Busch)
- *Glück besteht in der Kunst, sich nicht zu ärgern, dass der Rosenstrauch Dornen trägt, sondern sich zu freuen, dass der Dornenstrauch Rosen trägt.*

Eine Rede zum Firmenjubiläum

- *Kleine Gelegenheiten sind oft der Anfang zu großen Unternehmungen.* (Demosthenes)
- *Ein Zyniker ist ein Mensch, der von allem den Preis und von nichts den Wert kennt.* (Oscar Wilde)
- *Es muss nicht immer Kaviar sein* (Johannes Mario Simmel)
- *Alle großen Männer sind bescheiden* (Gotthold Ephraim Lessing)
- *Arm in Arm mit dir, so fordr' ich mein Jahrhundert in die Schranken* (Friedrich Schiller)
- *Es wird die Zeit kommen, da du glaubst, alles sei geschafft. Das ist der Anfang.* (Louis L'Amour)
- *Die so genannte Objektivität … ist nichts als eine trockene Lüge; es ist nicht möglich, die Vergangenheit zu schildern, ohne ihr die Färbung unserer eigenen Gefühle zu verleihen. Ja, da der so genannte objektive Geschichtsschreiber doch immer sein Wort an die Gegenwart richtet, so schreibt er unwillkürlich im Geiste seiner eigenen Zeit, und dieser Zeitgeist wird in seinen Schriften sichtbar sein, wie sich in Briefen nicht bloß der Charakter des Schreibenden, sondern auch des Empfängers offenbart.* (Heinrich Heine)
- *Ein Unternehmen zu leiten ist der aufregendste Job, den man sich vorstellen kann. Mir fallen die verschiedensten Dinge dazu ein: Abenteuer. Spaß. Leidenschaft. Ständige Bewegung. Geben und Nehmen. Besprechungen bis spät in die Nacht. Unglaubliche Freundschaften. Guter Wein. Feiern. Großartige Golfplätze. Wichtige Entscheidungen. Krisen und Druck. Viele Versuche. Einige Volltreffer. Das Hochgefühl des Siegers. Die Enttäuschung des Verlierers. Die Bezahlung ist gut – doch der wirkliche Lohn ist die Freude an der Arbeit.* (Jack Welch)
- *Ausdauer ist edler als Stärke, und Geduld edler als Schönheit.* (John Ruskin)

- *Der Lohn eines Amtes ist das Amt selbst.* (Seneca)
- *Der Pessimismus ist eine Art geistiger Trunksucht; er verschmäht gesunde Nahrung, frönt dem Genuss des Haderns und Anklagens und bringt sich künstlich in einen Zustand der Niedergeschlagenheit, der ihn nach stärkeren Mitteln greifen lässt.* (Rabindranath Tagore)
- *Anfangen ist leicht, beharren ist die Kunst.*
- *Der Umstand, dass wir Feinde haben, beweist klar genug, dass wir Verdienste besitzen.* (Ludwig Börne)

Eine wichtige Präsentation

- *Visionen brauchen Fahrpläne.* (Hilmar Kopper)
- *In medias res.* (Nach Horaz)
- *Ich will nicht als Adler starten und als Suppenhuhn landen.* (Hans Roland Fäßler)
- *Ich bin überzeugt, dass Verstand, und sei er noch so hell erleuchtet, wenig ausrichtet, ist er nicht mit Enthusiasmus gepaart.* (Houston Stewart Chamberlain)
- *Ich bin Pessimist für die Gegenwart, aber Optimist für die Zukunft.* (Wilhelm Busch)
- *Vision ist die Kunst, Unsichtbares zu sehen.* (Jonathan Swift)
- *Nicht der ist ein besserer Stratege, der weiß, dass man den Gegner überrumpeln muss, um zu siegen, sondern der, der weiß, wie man das tut.* (Stanislaw Lem)
- *Plane das Schwierige da, wo es noch leicht ist. / Tue das Große da, wo es noch klein ist. / Alles Schwere auf Erden beginnt stets als Leichtes. / Alles Große auf Erden beginnt stets als Kleines.* (Lao-tse)
- *Das Glück gibt dem einen die Nüsse, dem anderen die Schalen.*
- *Die Gesellschaft verzeiht oft den Verbrechern. Sie verzeiht nie den Träumern.* (Oscar Wilde)
- *Es ist kein Kaufmann, der nicht Mäusedreck für indischen Pfeffer verkaufen kann.*
- *Die Ideen entzünden einander wie die elektrischen Funken.* (Johann Jakob Engel)
- *Erfolg erzeugt Erfolg, wie Geld das Geld.* (Nicolas de Chamfort)
- *Wege entstehen dadurch, dass man sie geht.* (Franz Kafka)

- *Fantasie ist nicht Ausflucht. Sich etwas vorstellen heißt, eine Welt bauen, eine Welt erschaffen.* (Eugène Ionesco)
- *Was nützen mir die Farben, wenn ich nicht weiß, was ich malen soll?* (Michel de Montaigne)

Eine Beschwerde entgegennehmen

- *An ihren Früchten sollt ihr sie erkennen* (Bibel)
- *Das ist das Schöne an einem Fehler: Man muss ihn nicht zweimal machen.* (Thomas Alva Edison)
- *Es ist kein Fisch ohne Gräten und kein Mensch ohne Mängel.* (Julius Wilhelm W. Zincgref)
- *Da geht er hin und singt nicht mehr.* (Ferdinand Gumbert)
- *Nur der Betrug entehrt, der Irrtum nie!* (Georg Christoph Lichtenberg)
- *Ein ganz klein wenig Süßes kann viel Bitteres verschwinden machen.* (Francesco Petrarca)
- *Glückliche Umstände machen die Herzen übermütig.* (Seneca)
- *Kein Mensch darf sagen: Solches trifft mich nie.* (Menander)
- *Wo viel Licht ist, ist auch viel Schatten.*[44]
- *Niemand irrt für sich allein. Er verbreitet seinen Unsinn auch in seiner Umgebung.* (Seneca)

Small Talk

- *Alles Getrennte findet sich wieder.* (Friedrich Hölderlin)
- *Mir tut jeder Mensch Leid, der nicht genug Fantasie hat, um ein Wort mal so und mal so zu schreiben.* (Mark Twain)
  Ich fürchte das Internet. (Stanislaw Lem)
- *Das Herz hat seine Gründe, die der Verstand nicht kennt.* (Blaise Pascal)
- *Musik ist der vollkommenste Typus der Kunst: Sie kann ihr letztes Geheimnis nie enthüllen.* (Oscar Wilde)
- *Die Komplexität der Philosophie ist nicht die ihrer Materie, sondern die unseres verknoteten Verstandes.* (Ludwig Wittgenstein)

---

[44] Die Redewendung findet sich ähnlich bei Goethe in *Götz von Berlichingen.* Im 1. Akt sagt Götz dort: *Wo viel Licht ist, ist starker Schatten – doch wär mir's willkommen. Wollen sehen, was es gibt.*

- *Man kann nicht erwarten, dass ein rundlicher Mann gleich in ein viereckiges Loch passt. Man muss ihm Zeit geben, sich anzupassen.* (Mark Twain)
- *Das neunzehnte Jahrhundert, wie wir es kennen, ist im Wesentlichen eine Erfindung von Balzac.* (Oscar Wilde)
- *Die Poesie heilt die Wunden, die der Verstand schlägt.* (Novalis) *Glück und Glas, wie leicht bricht das.*
- *Wenn es nicht wahr ist, ist es sehr gut erfunden.*[45] (Giordano Bruno)
- *Politik verdirbt den Charakter.* (Fürst von Metternich)
- *Tränen sind wie Perlen. Man weiß nie, ob sie echt sind.*
- *Neben den Drogen, die heute viele Tausende und vielleicht Millionen vergiften, wird unser Verstand obendrein durch die rund um den Globus verbreitete Emission pseudokosmischen Unsinns befallen.* (Stanislaw Lem)
- *Das Denken gibt uns ein so reines und so lebhaftes Vergnügen, dass, wer es nur einmal in seinem Leben gekostet hat, es nie wieder entbehren kann.* (Johann Jakob Engel)

Eine Entschuldigung vorbringen

- *Das gesprochene Wort kann nicht zurückkehren.* (Horaz)
- *Zum Stolpern braucht es nichts als Füße.* (nach Heinrich von Kleist)
- *Sei wieder ruhig, sei heiter, und bringe mir das einzig seelige Gefühl, dass du zufrieden bist. Und gib auch mir meine Ruhe wieder, dann gewiss, dann gewiss werde ich glücklich sein.* (Susette Gontard)
- *Reue ist Verstand, der zu spät kommt.* (Ernst von Feuchtersleben)
- *Wer tollkühn anfängt, der bereut zu spät.* (Mansur Firdausi)
- *Alle Fehler, die man macht, sind eher zu verzeihen als die Mittel, die man anwendet, um sie zu verbergen.* (François de La Rochefoucauld)
- *Ältere Freundschaften haben vor neuen hauptsächlich das voraus, dass man sich schon viel verziehen hat.* (Johann Wolfgang von Goethe)

---

45 Original: *Se non è vero, è molto ben trovato.*

- *Ich kann allem widerstehen, nur nicht der Versuchung.* (Oscar Wilde)
- *Alles verstehen heißt alles verzeihen.*
- *Auch nur ein Mensch sein.*
- *Beim Ratgeben sind wir alle weise, aber blind bei eigenen Fehlern.* (Euripides)
- *Was uns als schwere Prüfung erscheint, erweist sich oft als Segen.* (Oscar Wilde)
- *Am schwersten verdaulich sind meistens die Sätze, die man selbst einmal gesagt hat.* (Harold Macmillan)
- *Eine beschämende Antwort gehört auf eine vorwitzige Frage.* (Johann Jakob Engel)

Sie sehen selbst, dass diese Liste Ihnen vor allen Dingen als erste Hilfestellung für den Einsatz von Zitaten und als Anregung zum selbstständigen Weitersuchen dienen soll. Wahrscheinlich können Sie nicht mit jedem einzelnen Zitat etwas anfangen; vielleicht gefallen Ihnen einige davon überhaupt nicht. Und für die eine oder andere Situation wüssten Sie aus dem Stehgreif ein viel besseres Zitat. – Wunderbar! Besser kann es eigentlich nicht sein. Damit sind Sie die ersten Schritte auf dem Weg zur Schlagfertigkeit mit Zitaten bereits gegangen. Natürlich ließe sich die vorangegangene Aufzählung noch um verschiedene Situationen erweitern, und selbstverständlich fänden sich auch noch unzählige weitere Zitate und Sprichwörter. Doch ist es nun an der Zeit, dass Sie selbst in Aktion treten und Ihren ganz persönlichen Zitatenschatz finden!

Ihre Ansichten und Zitate

Zitate und Sprichwörter können Ihnen in Diskussionen oder Auseinandersetzungen auch als echte inhaltliche Argumente dienen. Durch die Autorität des Urhebers oder aufgrund der allgemeinen Anerkennung der Aussage können sie helfen, Ihren Standpunkt wirksam zu untermauern. Und Ihren Standpunkt (oder besser Ihre Standpunkte) werden Sie immer dann untermauern, wenn Sie es mit einer konkurrierenden Sichtweise zu tun haben. Hier ist es oft besonders nützlich, die gegensätzlichen Standpunkte auf eine griffige Formel zu bringen. So können Sie die unterschiedlichen Positionen deutlich machen und die Auseinandersetzung auf den Punkt bringen. Ein gutes Zitat hat hier schon oft aufgrund seiner speziellen Prägnanz und seiner sprachlichen Gestalt eine besondere Überzeugungskraft. Solange es also wirklich das ausdrückt, was Sie meinen, kann Ihnen ein Zitat, eine Anekdote oder ein Sprichwort wertvolle Unterstützung leisten bei dem Versuch, Ihren Standpunkt zu festigen und so zu überzeugen.

Und natürlich haben Sie die Möglichkeit, sich im Vorfeld ganz gezielt vorzubereiten. Denn Ihre eigenen Standpunkte kennen Sie ja in der Regel und damit meist auch die entsprechende Gegenposition. Finden Sie passende Zitate und legen Sie sich diese bereits vor der Diskussion zurecht, um sie im richtigen Moment parat zu haben.

Die folgenden beispielhaften Situationen helfen Ihnen, sich eine kleine Auswahl entsprechender Zitate anzueignen. Sie finden dazu zuerst einige mögliche Zitate beziehungsweise Sprichwörter zu den jeweiligen Sichtweisen und dann im Anschluss einige Beispielaussagen, welche die konkrete Anwendung veranschaulichen.

Pessimismus versus Optimismus

In einer Diskussionsrunde möchte ein Politiker Stellung zum Thema „offener Strafvollzug“ beziehen. Er ist gegen den offenen Strafvollzug und begründet dies mit schlechten Erfahrungen in der Vergangenheit. Er sieht die Angelegenheit also pessimistisch und bezieht sich in seiner Argumentation auf die

Vergangenheit. **Pessimismus** und **Vergangenheit** sind in diesem Falle also die beiden Punkte, bei denen mit deutlichem Widerspruch zu rechnen ist und in denen er sich von seinem Kontrahenten grundlegend unterscheidet. In der Praxis wird dieser Politiker sich deshalb Zitate zum Thema „pro Pessimismus" und „pro Vergangenheit" suchen. Sein politischer Gegner natürlich „pro Optimismus" und „pro Zukunft" …

Pessimismus in Zitaten und Anekdoten

- *Ich bin ein lebenslustiger Pessimist.* (Günter Grass)
- *Der Utopist sieht das Paradies, der Realist das Paradies plus Schlange.* (Christian Friedrich Hebbel)
- *Optimist ist ein anderes Wort für Dummkopf.* (Gustave Flaubert)
- *Ein Optimist ist ein Mensch, der von den Ereignissen laufend dementiert wird.* (Peter Sellers)
- *Ein Realist ist ein Mann, der den richtigen Abstand zu seinen Idealen hat.* (Truman Capote)
- *Pessimisten sind die wahren Lebenskünstler, denn nur sie erleben angenehme Überraschungen.* (Marcel Proust)

Die Vergangenheit im Zitat

- *Vieles geht in der Welt verloren, weil man es zu geschwind für verloren gibt.* (Johann Wolfgang von Goethe)
- *Wer heute versucht, etwas Bewahrenswertes zu bewahren, der muss schon fast ein Revolutionär sein.* (Erhard Eppler)
- *Erfahrungen nützen gar nichts, wenn man keine Lehren daraus zieht.* (Friedrich der Große)
- *Die Vergangenheit kann uns nicht sagen, was wir tun, wohl aber, was wir lassen müssen.* (José Ortega y Gasset)
- *Man muss das Gestern kennen, man muss auch an das Gestern denken, wenn man das Morgen wirklich gut und dauerhaft gestalten will.* (Konrad Adenauer)
- *Die Vergangenheit ist die Vorratskammer für die Zukunft.*

Die Begriffe „Vergangenheit" und „Pessimismus" sind in der Regel negativ belegt. Deshalb wird sich der Politiker, der sich in seiner Argumentation auf die schlechten Erfahrungen aus der Vergangenheit beruft, mit sehr großer Wahrscheinlichkeit gegen Angriffe aus dieser Richtung behaupten müssen.

ANGRIFF: Sie sehen immer nur das Schlechte im Menschen. Sie sind ein Pessimist!
REAKTION: Ich würde mich eher als Realist bezeichnen. Denn *der Utopist sieht das Paradies, der Realist das Paradies plus Schlange.* Lassen Sie mich deshalb …

ANGRIFF: Sie verschließen sich ja völlig gegen neue Ansätze und Erkenntnisse. Sie sind rückwärtsgewandt!
REAKTION: *Die Vergangenheit ist schließlich die Vorratskammer für die Zukunft.* Und wer sich zurückwendet, wird immer etwas Wertvolles für die Zukunft daraus lernen können.

ANGRIFF: Warum bleiben Sie immer nur in der Vergangenheit stecken?
REAKTION: Ich hab eines gelernt: *Die Vergangenheit kann uns zwar nicht sagen, was wir tun, wohl aber, was wir lassen müssen.*

Visionen versus konkrete Zahlen

Der Leiter der Entwicklungsabteilung diskutiert mit seinem Vorgesetzten über die Weiterentwicklung einer innovativen Produktidee. Natürlich möchte Letzterer lieber konkrete Zahlen als Entscheidungsgrundlage haben, anstatt nur auf Visionen zu setzen. In dieser Auseinandersetzung bewegen sich die Beteiligten also im Spannungsfeld zwischen **Visionen** und **konkreten Zahlen**, zwischen innovativen Ideen und klaren Fakten.

Die Vision im Zitat

- *Es wäre wenig in der Welt unternommen worden, wenn man immer nur auf den Ausgang gesehen hätte.* (Gotthold Ephraim Lessing)

- *Innovation beginnt im Kopf mit der kühnen Idee und dem Mut zum Risiko.* (Björn Engholm)
- *Jede theoretische Erklärung ist eine Reduzierung der Intuition.* (Peter Høeg)
- *Wer den Hafen nicht kennt, in den er segeln will, für den ist kein Wind günstig.* (Seneca)
- *Nicht weil es schwer ist, wagen wir es nicht, sondern weil wir es nicht wagen, ist es schwer.* (Seneca)
- *Wirklich innovativ ist man nur dann, wenn mal etwas daneben gegangen ist.* (Woody Allen)
- *Wer Visionen hat, sollte zum Arzt gehen.* (Helmut Schmidt)
- *Es reden und träumen die Menschen viel.* (Friedrich Schiller)

Tatsachen im Zitat

- *Nichts ist trügerischer als eine offenkundige Tatsache.* (Arthur Conan Doyle)
- *Wir benutzen die Statistik wie ein Betrunkener einen Laternenpfahl: Vor allem zur Stütze unseres Standpunktes und weniger zum Beleuchten eines Sachverhalts.* (Andrew Lang)
- *Gewissheit gibt allein die Mathematik. Aber leider streift sie nur den Oberrock der Dinge.* (Wilhelm Busch)

In dieser Situation haben beide Seiten ihr Für und Wider. Insofern kann es nicht nur darum gehen, die eigene Position argumentativ zu stärken, sondern gleichzeitig ist es auch nötig, die Gegenposition zu schwächen.

ANGRIFF: Das klingt im Prinzip ja alles ganz wunderbar. Aber wer sagt mir, dass das auch funktioniert? Die Statistiken lassen doch durchaus vermuten, dass der Bedarf für ein derartiges Produkt eher gering ist.
ANTWORT: Die Statistik hilft uns hier nicht wirklich weiter. Andrew Lang sagte einmal: *Wir benutzen die Statistik wie ein Betrunkener einen Laternenpfahl: Vor allem zur Stütze unseres Standpunktes und weniger zum Beleuchten eines Sachverhalts.* Ich habe den Eindruck, das ist auch hier gerade der Fall. Hier geht es um andere Dinge …

ANGRIFF: Um ehrlich zu sein, sehe ich nicht, wohin uns das letztlich führen soll! Und Sie können mir ja auch nicht mit Sicherheit sagen, ob uns das voranbringt oder nicht.
ANTWORT: *Es wäre wenig in der Welt unternommen worden, wenn man immer nur auf den Ausgang gesehen hätte.* Das hat schon Lessing gesagt. Selbstverständlich gibt es ein Risiko, aber …

ANGRIFF: Ich brauche mehr Fakten, aufgrund reiner Spekulationen kann ich nichts entscheiden.
ANTWORT: Wissen Sie, wie es bei Sherlock Holmes heißt? *Nichts ist trügerischer als eine offenkundige Tatsache.* Sicher können wir versuchen, noch mehr Fakten zusammenzutragen, aber daran allein können wir die Entscheidung letztlich nicht festmachen …

Theorie versus Praxis

Sie nehmen an einer beruflichen Fortbildung teil. Dozenten und Referenten dieser Fortbildung sind überwiegend Funktionäre Ihres Fachverbands oder arbeiten ausschließlich in der Aus- und Fortbildung beziehungsweise in der Forschung. Die meisten von ihnen sind schon vor vielen Jahren aus der beruflichen Praxis ausgestiegen. Das führt bei vielen Teilnehmern zu Skepsis, da die Ideen und Konzepte hin und wieder deutlich an den konkreten Bedürfnissen des Berufsalltags vorbeigehen. Deshalb gibt es immer wieder Diskussionen, die letztlich auf einen Widerstreit zwischen **Theorie** und **Praxis** hinauslaufen.

Die Theorie im Zitat

- *Grau, teurer Freund, ist alle Theorie.* (Johann Wolfgang von Goethe)
- *Wenn die Theorie auf die Erfahrung warten sollte, käme sie nie zustande.* (Novalis)

- *Wer sich der Praxis hingibt ohne Wissenschaft, ist wie der Steuermann, der ein Schiff ohne Ruder und Kompass besteigt und nie weiß, wohin er fährt.* (Leonardo da Vinci)
- *Mit Worten lässt sich trefflich streiten.* (Johann Wolfgang von Goethe)

Die Praxis im Zitat

- *Um schwimmen zu lernen, muss ich ins Wasser gehen, sonst lerne ich nichts.* (August Bebel)
- *Es ist besser zu handeln und dann zu bereuen, als zu bereuen, nicht gehandelt zu haben.* (Mellin de Saint-Gelais)

Theorie und Praxis im Zitat

- *Probieren geht über studieren.*
- *Der Unterschied zwischen Theorie und Praxis ist in der Praxis noch größer als in der Theorie.*
- *Über Schnee kann ein Schmetterling nicht urteilen.*
- *Ideen halten sich nicht. Es muss etwas mit ihnen getan werden.* (Alfred North Whitehead)
- *Der Ideen-Kampf wird nie im Reich der Ideen entschieden.* (Ludwig Marcuse)
- *Denken ist etwas, das auf Schwierigkeiten folgt und dem Handeln vorausgeht.* (Bertold Brecht)

Treffen Theoretiker und Praktiker aufeinander, lässt der Streit oft nicht lange auf sich warten. Die Seite der Theorie steht dabei meist besonders auf dem Prüfstein, denn sie läuft nicht selten Gefahr, sich allzu sehr von der Praxis zu entfernen. Das ist dann ein Problem, mit dem sich die Praktiker herumschlagen müssen. Sie stehen immer wieder vor der Schwierigkeit, irgendwie eine Verbindung zwischen theoretischem Anspruch und der alltäglichen Wirklichkeit herzustellen. Diese Schwierigkeiten wiederum sind unter Umständen den Theoretikern gar nicht in vollem Umfang bewusst, weil ihnen der direkte Bezug zur Praxis fehlt – und daran entzündet sich dann so manche Auseinandersetzung, wie die nachfolgenden Beispiele anschaulich demonstrieren:

THEORETIKER: Wir haben umfangreiche Untersuchungen angestellt. Die Ergebnisse sind alle einwandfrei belegt. Ich verstehe nicht, warum Sie unseren Vorschlag nicht einmal in Betracht ziehen!
PRAKTIKER: Wissen Sie, wie es in einem asiatischen Sprichwort heißt? *Über Schnee kann ein Schmetterling nicht urteilen.* Und ich glaube, Ihnen geht es hier wie dem Schmetterling, denn ich bezweifle, dass Ihnen die Auswirkungen Ihres Vorschlags für unseren beruflichen Alltag wirklich klar sind …

THEORETIKER: Ich verstehe natürlich Ihre Vorbehalte gegenüber unseren erst einmal rein theoretischen Konzepten. Doch sind wir immer bemüht, die praktische Umsetzung im Blick zu behalten. Und ich denke, dass wir da schon einige Fortschritte gemacht haben.
PRAKTIKER: Eines der ersten Dinge, die man im Beruf lernt, ist die Einsicht: *Der Unterschied zwischen Theorie und Praxis ist in der Praxis noch größer als in der Theorie.* Da können Sie hier jeden fragen …

PRAKTIKER: Ich weiß gar nicht, was Sie uns hier eigentlich erzählen wollen. Letztlich wissen Sie doch gar nicht, was bei uns jeden Tag so vor sich geht. Und irgendwelche abgehobenen Theorien nützen uns in der Praxis doch sowieso nichts.
THEORETIKER: Sie formulieren damit das grundsätzliche Problem, das zwischen Theorie und Praxis besteht. Aber ich glaube, dass Leonardo da Vinci Recht hatte, als er sagte: *Wer sich der Praxis hingibt ohne Wissenschaft, ist wie der Steuermann, der ein Schiff ohne Ruder und Kompass besteigt und nie weiß, wohin er fährt.* Auch die theoretische Betrachtung hat ihre Berechtigung und dient im Endeffekt doch nur der Weiterentwicklung der Praxis …

Billig versus teuer

Die Mitgliederversammlung eines Vereins beschließt, eine größere Anschaffung zu tätigen. Uneinigkeit besteht allerdings noch darüber, ob ein günstiges Modell gekauft werden soll oder doch lieber eine hochwertige, teure Ausführung. Diese Frage spaltet den Verein in zwei Lager: Die einen sind dafür, so wenig Geld wie möglich auszugeben, die anderen wollen mehr Qualität und sind bereit, dafür auch mehr zu bezahlen. Immer wieder kommt es darüber zu Auseinandersetzungen.

Der Preis im Zitat

- *Der Gedanke macht mich blass, wenn ich frag': Was kostet das?*[46] (Wilhelm Busch)
- *Ihr nennt mich einen kargen Mann? / Gebt mir, was ich verprassen kann!* (Johann Wolfgang von Goethe)
- *Gib auf den Groschen Acht. Der Taler wird auf sich selbst Acht geben.* (George Bernard Shaw)
- *Wer den Pfennig nicht ehrt, ist des Talers nicht wert.*
- *Bei genauerer Betrachtung steigt mit dem Preise auch die Achtung.* (Wilhelm Busch)
- *Ich weiß kein Mittel gegen diese Auszehrung des Geldbeutels; Borgen zieht es bloß in die Länge, aber die Krankheit ist unheilbar.* (William Shakespeare)
- *Was man zu teuer kauft, verwendet man gewöhnlich auch noch schlecht, weil ohne Liebe und mit peinlicher Erinnerung – und so hat man einen doppelten Nachteil davon.* (Friedrich Nietzsche)
- *Die Augen halte zu, und deinen Beutel offen; / Ein solcher Kund' ist es, auf den die Krämer hoffen.* (Friedrich Rückert)
- *Qualität hat ihren Preis.*
- *Verkaufen ist nicht schenken.*
- *Und wozu, in Teufels Namen!, soll man denn sein Geld verwenden als auf einen guten Tisch, gute Gesellschaft, gute Weine, schöne Weiber, Vergnügen von allen Farben, Unterhaltungen aller Art?* (Denis Diderot)

---

[46] Ursprünglich heißt es: *Der Gedanke macht ihn blass, wenn er fragt: Was kostet das?*

- *Kaufe nie unnütze Sachen, weil sie billig sind.* (Thomas Jefferson)
- *Das Beste ist gerade gut genug.*
- *Qualität besteht, wenn der Preis längst vergessen ist.* (Henry Royce)
- *Das Gesetz der Wirtschaft verbietet es, für wenig Geld viel Wert zu erhalten.*[47] (John Ruskin)

Das Geld im Zitat

- *Geld hat noch keinen reich gemacht.* (Seneca)
- *Ein Geschäft, das nur Geld einbringt, ist ein schlechtes Geschäft.* (Henry Ford)
- *Es gibt Leute, die zahlen für Geld jeden Preis.* (Arthur Schopenhauer)

Stellt sich die Frage „Teuer oder billig?", geht es meist nicht nur um das Geld. Wichtige Punkte sind immer auch die Qualität und der tatsächliche Gegenwert, den man für sein Geld bekommt. Und nicht selten spielt der Prestigewert, der mit einer Anschaffung verbunden oder eben nicht verbunden ist, ebenfalls eine große Rolle. Die Auswahl Ihrer Zitate muss sich deshalb auch an solchen Gesichtspunkten orientieren. Wenn Sie nämlich einen Aspekt ansprechen, der in der aktuellen Situation gar nicht relevant ist, wird Ihr Zitat nicht überzeugen.

FRAGE: Warum sollen wir uns denn nicht einfach einmal etwas Teures leisten?

---

[47] Das vollständige Zitat von John Ruskin lautet: *Es ist unklug, zu viel zu bezahlen, aber es ist noch schlechter, zu wenig zu bezahlen. Wenn Sie zu viel bezahlen, verlieren Sie etwas Geld, das ist alles. Wenn Sie dagegen zu wenig bezahlen, verlieren Sie manchmal alles, da der gekaufte Gegenstand die ihm zugedachte Aufgabe nicht erfüllen kann. Das Gesetz der Wirtschaft verbietet es, für wenig Geld viel Wert zu erhalten. Nehmen Sie das niedrigste Angebot an, müssen Sie für das Risiko, das Sie eingehen, etwas hinzurechnen. Und wenn Sie das tun, dann haben Sie auch genug Geld, um für etwas Besseres zu zahlen.* Ein Zitat übrigens, das ich auch gerne selbst verwende, wenn ich für Veranstaltungen angefragt werde. Einen gelungenen Vortrag und einen professionellen Redner erhalten Sie eben nicht für „lau".

ANTWORT: Wer weiß, ob es uns das am Ende dann auch wirklich wert ist. Bei Nietzsche habe ich gelesen: *Was man zu teuer kauft, verwendet man gewöhnlich auch noch schlecht, weil ohne Liebe und mit peinlicher Erinnerung – und so hat man einen doppelten Nachteil davon.* Ich befürchte, dass wir uns im Nachhinein bloß darüber ärgern, dass wir so viel Geld ausgegeben haben.

AUSSAGE: Ich bin immer noch dafür, das teure Modell zu kaufen. Wir können es uns leisten. Da gibt es doch eigentlich keinen vernünftigen Grund, das billige zu nehmen.
ANTWORT: Ich habe beinahe den Eindruck, du willst das teure Modell nur kaufen, weil es so schön teuer ist und weil wir es uns leisten können. Der Rest scheint dir völlig egal zu sein. Weißt du, was bei Wilhelm Busch steht? *Bei genauerer Betrachtung steigt mit dem Preise auch die Achtung.* Das trifft bei dir ja offensichtlich exakt zu.

FRAGE: Aber warum muss denn etwas Billiges auch gleich etwas Schlechtes sein?
ANTWORT: *Das Gesetz der Wirtschaft verbietet es, für wenig Geld viel Wert zu erhalten.* So einfach ist das.

Einfach versus kompliziert

Ihre Firma braucht eine neue Website. Der Webdesigner ist ein sehr kompetenter Mann, der sich allerdings ab und zu in technischen Spielereien verliert und allerlei hübschen Schnickschnack installieren möchte. Sein erster Entwurf sieht zwar großartig aus und ist technisch auf den neuesten Stand, jedoch ist der Aufbau so komplex, dass die Navigation durch die Inhalte schon eine gehörige Portion Konzentration erfordert. Für Ihren Geschmack geht das Eigentliche – nämlich die Darstellung der Inhalte – in dem ganzen schönen Design und der anspruchsvollen technischen Ausführung zu sehr unter. Sie plädieren deshalb für eine einfache Struktur und ein schlichtes Design.

Die Einfachheit im Zitat

- *Durch das Einfache geht der Eingang zur Wahrheit.* (Georg Christoph Lichtenberg)
- *Alles Große und Edle ist einfacher Art.* (Gottfried Keller)
- *Das Schlimmste ist, dass wir die einfachsten Fragen mit Tricks zu lösen versuchen, darum machen wir sie auch so kompliziert. Man muss nach einfachen Lösungen suchen.* (Anton Tschechow)
- *Die Genialität einer Konstruktion liegt in ihrer Einfachheit. Kompliziert bauen kann jeder.* (Sergej P. Koroljow)
- *Die wichtigsten Aspekte der Dinge sind durch ihre Einfachheit und Alltäglichkeit verborgen.* (Ludwig Wittgenstein)
- *Wer den Funken löscht, muss nicht sein Strohdach löschen.*
- *Warum in die Ferne schweifen? Sieh, das Gute liegt so nah.* (Nach Johann Wolfgang von Goethe)
- *Einfachheit ist das Resultat der Reife.* (Friedrich Schiller)
- *Warum einfach, wenn's auch kompliziert geht?*

Komplexität im Zitat

- *Der Mensch stolpert nicht über Berge, sondern über Maulwurfshügel. Berge sind groß, und darum besteigt man sie mit Bedacht; Maulwurfshügel dagegen sind winzig klein, und so beachtet man sie kaum.* (Han Feizi)
- *Alles sollte so einfach wie möglich gemacht werden, aber nicht einfacher.* (Albert Einstein)

Nicht selten steht das, was wir alles können, im Widerstreit mit dem, was überhaupt noch sinnvoll und praktikabel ist, so dass wir uns häufig bremsen müssen, um uns nicht im Gewirr der Möglichkeiten zu verlieren. Unser Alltag wird immer komplexer und so mancher wünscht sich angesichts dessen etwas von der Einfachheit früherer Zeiten zurück. So ließen sich hier sicher auch Zitate einflechten, die auf die Lebensumstände der Vergangenheit anspielen. In den folgenden Formulierungsbeispielen finden beide Seiten Beachtung:

> AUSSAGE: Also mit dieser Seite sind Sie technisch auf dem neuesten Stand. Da ist alles drin, was eine moderne Internetseite bieten muss.

ANTWORT: Kennen Sie *KISS – Keep it simple and stupid*? Vielleicht können wir noch einmal überlegen, ob wir nicht besser …

AUSSAGE: Achten Sie bitte einmal auf die Spezialeffekte, die ich hier eingebaut habe.
ANTWORT: Ich habe den Eindruck, Sie arbeiten manchmal zu sehr nach der Methode: *Warum einfach, wenn's auch kompliziert geht?*

AUSSAGE: Meiner Ansicht nach ist das Design zu unübersichtlich. Die Besucher der Seite sollen auf den ersten Blick sehen, wo sie welche Informationen bekommen. Im Moment bräuchte man sicher weitaus mehr als einen Blick.
ANTWORT: Ich bin mir gar nicht sicher, ob man es den Menschen immer so einfach wie möglich machen sollte. Oft verhält es sich nämlich so, wie es in einer alten asiatischen Weisheit heißt: *Der Mensch stolpert nicht über Berge, sondern über Maulwurfshügel. Berge sind groß, und darum besteigt man sie mit Bedacht; Maulwurfshügel dagegen sind winzig klein, und so beachtet man sie kaum.* Und es kann doch nicht schaden, wenn sich die Leute mit etwas mehr Aufmerksamkeit auf der Site bewegen …

Männer versus Frauen

Trotz aller propagierten Gleichberechtigung ist das Lieblingsthema vieler Auseinandersetzungen nach wie vor der Kampf zwischen den Geschlechtern. Ein typischer Anlass ist beispielsweise folgender Fall: Zwei Freundinnen haben beschlossen, ein Zimmer zu renovieren. Tapezieren, streichen, Löcher bohren, Regale anbringen, Lampen montieren, den Fußboden ausbessern – alles, was so anfällt, wollen sie selbst machen. Sie besorgen sich Werkzeug und Material und fangen an. Es klappt auch alles reibungslos bis zu dem Moment, als die beiden Freunde der Frauen eintreffen und die ganze Sache begutachten. Sofort bieten die Männer ihre Hilfe an und drücken deutlich ihre Skepsis darüber aus, ob die beiden „Mädels“ das auch wirklich hinkriegen.

Der Geschlechterkampf im Zitat

- *Es gibt also, mein Freund, keine Beschäftigung eigens für die Frau, nur weil sie Frau ist, und auch keine eigens für den Mann, nur weil er Mann ist, die Begabungen finden sich vielmehr gleichmäßig bei beiden Geschlechtern verteilt.* (Platon)
- *Gute Taten werden hauptsächlich von Männern gepredigt und hauptsächlich von Frauen getan.* (Nancy Astor)
- *Was immer Frauen tun – sie müssen es zweimal besser tun als Männer, damit man sie für halb so gut hält. Glücklicherweise ist das nicht allzu schwer.* (Charlotte Whitton)
- *Abhängigkeit ist das Los der Frauen; Macht ist da, wo die Bärte sind.* (Molière)
- *Die Ahnung der Frau ist meistens zuverlässiger als das Wissen des Mannes.* (Rudyard Kipling)

Die Frau im Zitat

- *Das Weib soll sich nicht im Reden üben. Denn das wäre arg.* (Demokrit)
- *Ein kluger Mann widerspricht nie einer Frau. Er wartet, bis sie es selbst tut.* (Humphrey Bogart)
- *Alle Aphorismen über Frauen sind notgedrungen boshaft. Um das Gute an den Frauen zu schildern, benötigt man viele Seiten.* (André Maurois)

Der Mann im Zitat

- *Es hat keinen Sinn, mit Männern zu streiten. Sie haben ja doch immer Unrecht.* (Zsa Zsa Gabor)
- *Männer sind zwar oft so jung, wie sie sich fühlen, doch niemals so bedeutend.* (Simone de Beauvoir)
- *Männer kennen Probleme für jede Lösung.* (Juliette Binoche)
- *Oft schon musste eine ganze Stadt für die Übeltaten eines einzigen Mannes büßen.* (Hesiod)

Es wird schnell klar, dass die Männer bei der Diskussion um das „bessere“ Geschlecht relativ schlecht abschneiden. Und findet sich dann doch einmal ein markiger Spruch, der für die Männer spricht, klingt das schnell nach Chauvinismus. Hier ist also Vorsicht angebracht. In unserem Situationsbeispiel lässt der private und lockere Kontext jedoch ziemlich viel Spielraum, um vielleicht mit etwas Selbstironie doch auch einen „Männerspruch“ anzubringen. Ansonsten haben Frauen hier einfach die besseren Karten:

MANN: Na, da habt ihr euch aber was vorgenommen! Meint ihr, ihr kriegt das hin? Wäre das nicht vielleicht doch eher ein Job für uns?
FRAU: *Es gibt, mein Freund, keine Beschäftigung eigens für die Frau, nur weil sie Frau ist, und auch keine eigens für den Mann, nur weil er Mann ist, die Begabungen finden sich vielmehr gleichmäßig bei beiden Geschlechtern verteilt.* Selbst die Menschen in der Antike wussten das schon!

MANN: Sagt mal, wisst ihr denn überhaupt, wie man das macht?
FRAU: Ach ja, so ungefähr schon. *Und bekanntermaßen ist ja die Ahnung der Frau meistens zuverlässiger als das Wissen des Mannes* – und das hat übrigens ein Mann gesagt!

MANN: Hört mal, ihr habt da das ganze falsche Werkzeug. Damit schafft ihr das nie!
FRAU: Wir könnten ja noch ein bisschen diskutieren, ob das Werkzeug richtig oder falsch ist. Aber: *Es hat keinen Sinn, mit Männern zu streiten. Sie haben ja doch immer Unrecht.*

Alt versus Jung

Die Frage des Alters spielt gerade im Berufsleben in vielen Situationen eine große Rolle. Häufig wird hier der Jugend der

Vorzug gegeben und die Qualitäten des Alters werden beinahe vergessen. Erfahrung, Lebensweisheit und Gelassenheit treten angesichts junger, dynamischer, leistungsbereiter Menschen, die zudem als Einsteiger oft auch weniger Geld kosten, schnell in den Hintergrund. So kommt es immer häufiger zu Situationen, in denen es um die Entscheidung zwischen einem jungen und einem älteren Mitarbeiter geht, insbesondere dann, wenn eine Neueinstellung, eine Beförderung oder die Vergabe von bestimmten Projekten ansteht. Stellen Sie sich also das Gespräch zwischen einem Abteilungsleiter und seinem Mitarbeiter vor. Der Mitarbeiter soll für ein anstehendes Projekt einen Kollegen bestimmen, der mit ihm gemeinsam die Leitung des Projekts übernimmt. Es kommen zwei Kollegen in die engere Wahl: ein junger Mitarbeiter und ein älterer Kollege. Beide sehr qualifiziert, beide mit speziellen Vorzügen.

Das Alter im Zitat

- *Der alte Ingwer ist der schärfste.*
- *Alter schützt vor Torheit nicht.*[48] (William Shakespeares)
- *Altersweisheit gibt es nicht. Wenn man altert, wird man nicht weise, nur vorsichtig.* (Ernest Hemingway)
- *Ich denke, Alter ist ein verdammt hoher Preis, den wir für Reife bezahlen.* (Tom Stoppard)
- *Je älter man wird, desto ähnlicher wird man sich selbst.* (Maurice Chevalier)

Die Jugend im Zitat

- *Jugend kennt keine Tugend.*
- *Schnell fertig ist die Jugend mit dem Wort.*[49] (Friedrich Schiller)
- *Der Narben lacht, wer Wunden nie gefühlt.*[50] (William Shakespeare)

---

[48] Die Redensart geht zurück auf eine Stelle in William Shakespeares Drama *Antonius und Cleopatra* (I, 3). Cleopatra sagt: *Though age from folly could not give me freedom,/It does from childishness.*

[49] Die Textstelle bei Schiller lautet: *Schnell fertig ist die Jugend mit dem Wort, / Das schwer sich handhabt, wie des Messers Schneide …*

[50] Die Textstelle in Shakespeares *Romeo und Julia* heißt genau: *Er spottet über Narben, der nie eine Wunde fühlte. (He jests at scars, that never felt a wound.)*

- *Die Jugend liebt heute den Luxus. Sie hat schlechte Manieren, verachtet die Autorität, hat keinen Respekt mehr vor älteren Leuten und diskutiert, wo sie arbeiten sollte. Die Jugend steht nicht mehr auf, wenn Ältere das Zimmer betreten. Sie widerspricht den Eltern und tyrannisiert die Lehrer.* (Sokrates)

Alter und Jugend im Zitat

- *In den Ozean schifft mit tausend Masten der Jüngling; still auf gerettetem Boot treibt in den Hafen der Greis.* (Friedrich Schiller)
- *Die Begeisterung ist das tägliche Brot der Jugend. Die Skepsis ist der tägliche Wein des Alters.* (Pearl S. Buck)
- *Jugend hat viel Herrlichkeit, / Alter Seufzen viel und Leid.* (Wolfram von Eschenbach)
- *Kaum hast du die Fehler der Jugend begangen, so musst du die Fehler des Alters begehn.*[51] (Johann Wolfgang von Goethe)
- *Kraft und Wohlgestalt sind Vorzüge der Jugend, der des Alters aber ist Blüte der Besonnenheit.* (Demokrit)
- *Weisheit ist eine Tugend des Alters, und sie kommt wohl nur zu denen, die in ihrer Jugend weder weise waren noch besonnen.* (Hannah Arendt)
- *Es tritt der Mensch in jedes Alter als Novize ein.* (Nicolas de Chamfort)
- *Das Problem mit der heutigen Jugend ist, dass man selbst nicht mehr dazugehört.* (Salvador Dalí)
- *Tausend schöne, täuschende Genien umschweben unsere Jugend. Nach und nach entschwindet das Gedränge, und die Aussicht wird freier. Das nennen wir dann Erkenntnis.* (Johann Jakob Mohr)

Je nach Bedarf lassen sich offensichtlich für beide Seiten treffende Zitate und Sprichwörter finden. Mal werden die Vorzüge gelobt, mal die Nachteile betont; hier wird das Alter verteidigt, dort die Jugend. Die Auswahl an prägnanten Aussprüchen ist gerade bei diesem Thema sehr groß. Auch ausgleichende

---

[51] Die Textstelle in dem Gedicht Goethes heißt vollständig: *Hör auf doch, mit Weisheit zu prahlen, zu prangen, / Bescheidenheit würde dir löblicher stehn: / Kaum hast du die Fehler der Jugend begangen, / So musst du die Fehler des Alters begehn.*

Positionen lassen sich relativ leicht mithilfe von Gedanken berühmter Personen beziehen. Insofern dürfte hier für jeden etwas dabei sein.

AUSSAGE: Wissen Sie, ich bin mir nicht sicher, ob der Kollege Müller in seinem Alter noch genügend Durchsetzungsvermögen und Hartnäckigkeit hat.
ANTWORT: Meines Erachtens sind solche Bedenken völlig unnötig. In Asien sagt man: *Der alte Ingwer ist der schärfste.* Ich gewinne oft den Eindruck, dass das weitaus häufiger zutrifft, als wir glauben ...

AUSSAGE: Geben Sie doch dem jungen Kollegen mal eine richtige Chance. Seine Qualifikation ist unbestritten.
ANTWORT: Mir fehlt bei dem Kollegen manchmal die nötige Besonnenheit. Wie heißt es in Schillers *Wallenstein*? *Schnell fertig ist die Jugend mit dem Wort.* Mir ist er manchmal ein wenig zu schnell ...

AUSSAGE: Meinen Sie nicht auch, dass sich der junge Kollege erst noch etwas bewähren muss? Mir scheint, die Jugend hat es zurzeit oft ein bisschen zu einfach.
ANTWORT: Dieses Urteil finde ich nicht ganz zutreffend. Da steckt mir zu viel prinzipielle Skepsis drin. Wir sprechen über einen einzelnen Kollegen und nicht über die gesamte Jugend von heute. Ich glaube sogar, dass Salvador Dalí Recht hatte. Er sagte: *Das Problem mit der heutigen Jugend ist, dass man selbst nicht mehr dazugehört.*

Heute versus morgen

Was du heute kannst besorgen, das verschiebe nicht auf morgen![52] Wohl jeder von uns hat diese Redensart schon einmal zu hören

[52] Eine Abwandlung dieser Redensart konterkariert die ursprüngliche Aussage: "Was du heute kannst besorgen, das verschiebe schnell auf morgen." Und Mark Twain macht in seiner unverwechselbaren Art daraus: *Verschiebe nicht auf morgen, was genauso gut auf übermorgen verschoben werden kann.*

bekommen und vermutlich auch bereits diverse Male selbst zum Besten gegeben. Was sie besagen soll, ist offenkundig. Und die Frage, ob man eine Angelegenheit lieber sofort erledigen sollte oder sich auch etwas später darum kümmern kann, ist immer wieder ein beliebter Streitpunkt. Nehmen wir beispielsweise folgende SITUATION: Sie sollen für einen Kunden eine Bestellung ändern und weiterleiten. Es eilt eigentlich nicht besonders, denn der Zulieferer wird Ihr entsprechendes Fax sowieso erst am nächsten Tag auf dem Schreibtisch haben, sodass Sie das auch ohne Weiteres morgen früh gleich als Erstes erledigen könnten. Andererseits haben Sie gerade etwas Zeit und könnten es genauso gut sofort in die Wege leiten. Ihr Kollege vertritt den Standpunkt, dass man solche Dinge immer lieber gleich in Angriff nimmt, anstatt sie *auf die lange Bank zu schieben.*[53]

Die Gegenwart im Zitat

- *Morgen können wir's nicht mehr, darum lasst uns heute leben!* (Friedrich Schiller)
- *Nicht in die ferne Zeit verliere dich! Den Augenblick ergreife, der ist dein. (Friedrich Schiller)*
- *Doch der den Augenblick ergreift, das ist der rechte Mann.* (Johann Wolfgang von Goethe)
- *Entflohener Augenblick kommt nicht zurück.*

Die Zukunft im Zitat

- *Alles zu seiner Zeit.*[54]
- *Ich denke niemals an die Zukunft. Sie kommt früh genug.* (Albert Einstein)

---

[53] Diese Redewendung bezieht sich auf den Umstand, dass früher bei Gericht Akten in langen bankähnlichen Truhen, statt in Schränken, aufbewahrt wurden. Akten, die dorthin kamen, blieben lange unerledigt liegen. Die auf dem Tisch des Richters wurden schneller bearbeitet.

[54] Diese Redewendung findet ihren Ursprung im Alten Testament (Prediger Salomo 3, 1). Dort heißt es: *Ein jegliches hat seine Zeit, und alles Vornehmen unter dem Himmel hat seine Stunde.*

- *Morgen, morgen, nur nicht heute.*[55] (Christian Felix Weiße)
- *Aufgehoben ist nicht aufgeschoben.*
  Die Zukunft hat schon begonnen. (Robert Jungk)
  Morgen ist auch noch ein Tag!
  Kommt Zeit, kommt Rat.

Gegenwart und Zukunft im Zitat

- *Zwischen heut und morgen liegt eine lange Frist.* (Johann Wolfgang von Goethe)
- *Die Zukunft ist die Ausrede all jener, die in der Gegenwart nichts tun wollen.* (Harold Pinter)
- *Keine Zukunft vermag gutzumachen, was du in der Gegenwart versäumst.* (Albert Schweitzer)
- *Über den ängstlichen Gedanken, was uns etwa morgen zustoßen könnte, verlieren wir das Heute, die Gegenwart und damit die Wirklichkeit.* (Hermann Hesse)
- *Die Gegenwart belohnt die Fleißigen, die Zukunft belohnt die Geduldigen.*
- *Frage nicht, was das Geschick / Morgen will beschließen; / Unser ist der Augenblick, / Lass uns den genießen!* (Friedrich Rückert)
- *Sorgt immer für den Augenblick, / und Gott lasst für die Zukunft sorgen.* (Christoph Martin Wieland)

Betrüblicherweise steckt in der Redensart *Was du heute kannst besorgen, das verschiebe nicht auf morgen* eine ganze Menge Wahrheit. Das kennen wir alle aus unzähligen Beispielen. In der Regel ist es immer günstiger, eine Angelegenheit sofort zu erledigen, als sie vor sich her zu schieben. Und so finden sich natürlich auch weit mehr Zitate und Redensarten, die dies untermauern, als solche, die dem etwas Gehaltvolles entgegenzusetzen hätten.

AUSSAGE: Ich verstehe nicht, warum Sie das nicht einfach gleich erledigen. Damit wäre es doch vom Tisch

---

[55] Vollständig lauten die ersten beiden Zeilen des Liedes von Christian Felix Weiße: *Morgen, morgen, nur nicht heute!/Sprechen immer träge Leute.* Inzwischen ist auch die Variante geläufig: *Morgen, morgen, nur nicht heute, sagen alle faulen Leute.*

und Sie können morgen Früh gleich mit etwas anderem beginnen.
ANTWORT: Wissen Sie, was in der Bibel steht? *Ein jegliches hat seine Zeit* – und meines Erachtens ist die Zeit für diesen Auftrag erst morgen Früh.
WIDERREDE: Ja, ja. Da sieht man es mal wieder: *Morgen, morgen, nur nicht heute, sagen alle faulen Leute.*

AUSSAGE: Herr Kollege, im Prinzip ist es doch egal, ob ich das heute oder morgen erledige. Es schadet wohl niemandem, wenn ich die Angelegenheit auf morgen Früh verschiebe.
ANTWORT: *Die Zukunft ist die Ausrede all jener, die in der Gegenwart nichts tun wollen.*

Sie haben nun einige Beispiele für den Gebrauch von Zitaten und Sprichwörtern gelesen, die sich speziell mit dem Widerstreit entgegengesetzter Standpunkte befassen. Und natürlich gibt es noch weit mehr davon: Problem versus Lösung, laut versus leise, zurückhaltend versus dynamisch, Team versus Einzelkämpfer und so weiter und so fort. Überlegen Sie einmal, welche Gegensatzpaare Ihnen darüber hinaus einfallen beziehungsweise Ihnen schon häufiger begegnet sind. Und welchen Standpunkt würden Sie einnehmen? Fallen Ihnen dazu auf Anhieb einige Zitate oder Redensarten ein?

Nachwort

Sie haben eine Vielzahl von Anregungen und Vorgehensweisen an die Hand bekommen, die Sie für den Aufbau Ihres persönlichen Zitatenschatzes und für dessen Anwendung in der Praxis nutzen können.

Alle verwendeten Zitate und Sprichwörter sind im Anhang auch noch einmal alphabetisch sortiert aufgelistet und mit Quellenangaben versehen. Das gibt Ihnen wichtige Aufschlüsse über Herkunft, ungefähre Entstehungszeit und Urheber des jeweiligen Zitats. Dieses Kontextwissen können Sie in einigen Fällen sicher gut gebrauchen. Außerdem können Sie mithilfe der Quellenangabe bei Interesse gleich noch in den entsprechenden Primärtexten nach- oder auch weiterlesen. Ich bin mir sicher, Sie finden dort eine Menge weiterer zitierenswerter Aussagen.

Aber natürlich bewirkt dieses Buch keine Wunder. Entscheidend ist, dass Sie die hier angebotenen Anregungen nutzen, um Ihr Bewusstsein für die Möglichkeiten der Sprache und für die kreativen Spielräume Ihres Denkens zu schärfen. Lust und Freude an der geistreichen und spielerisch-kreativen Beschäftigung mit Worten und Gedanken sind hierbei Ihre wichtigsten Helfer.

Wenn Sie Spaß daran entwickeln, schlagfertig zu kommunizieren, wird es Ihnen leichter fallen, im entscheidenden Augenblick auch wirklich schlagfertig zu sein. Denn Freude setzt kreative Energien frei und Spaß an der Sache motiviert. Schlagfertigkeit lebt von dieser Energie. Wer hingegen ohne Freude verbissen darauf bedacht ist, bloß den rechten Moment nicht zu verpassen, um die mühsam auswendig gelernten Phrasen irgendwie unterzubringen, der ist von echter Schlagfertigkeit weiter entfernt denn je. Schlagfertigkeit braucht einen freien Geist, der bereit ist zu spielen.

Dieses Buch ist als eine Art geistiger Spielplatz gedacht. Und genauso können Sie es auch nutzen. Hier gibt es die verschiedensten Möglichkeiten zum Spielen und immer wieder neue Anregungen, eigene Ideen zu entwickeln. Dieses Spiel ist sowohl anspruchsvoll als auch absolut praxistauglich. Ein ganz persönlicher und angewandter Zitatenschatz wird Ihnen immer weiterhelfen, ganz gleich ob es in der Praxis nun sehr ernst zur Sache geht oder etwas lockerer.

Gerne schließe ich dieses Buch – wie sollte es anders sein – mit einem Zitat:

Ein endlicher Spieler bringt Spiel in die Zeit.
Ein unendlicher Spieler bringt Zeit ins Spiel.

James P. Carse

Anhang

Verwendete Zitate, Sprichwörter und Redensarten

Abhängigkeit ist das Los der Frauen; Macht ist da, wo die Bärte sind.
Molière (eigentlich Jean-Baptiste Poquelin, 1622–1673), französischer Dichter, Schauspieler und Theaterleiter. Aus: *Die Schule der Frauen.*

Advocatus Diaboli
Redensart

Alle Aphorismen über Frauen sind notgedrungen boshaft. Um das Gute an den Frauen zu schildern, benötigt man viele Seiten.
André Maurois (1885–1967), französischer Schriftsteller und Historiker. Quelle unbekannt.

Alle Fehler, die man macht, sind eher zu verzeihen als die Mittel, die man anwendet, um sie zu verbergen.
François de La Rochefoucauld (1613–1680), französischer Schriftsteller. Aus: *Betrachtungen oder Moralische Sentenzen und Maximen.*

Alle großen Männer sind bescheiden.
Gotthold Ephraim Lessing (1729–1781), deutscher Dichter und Dramatiker. Aus: *Briefe, die neueste Literatur betreffend.*

Allein es steht in einem andern Buch.
Johann Wolfgang von Goethe (1749–1832), deutscher Schriftsteller, Dichter, Dramatiker, Naturwissenschaftler. Aus: *Faust I.*

Aller Anfang ist schwer.
Sprichwort

Aller Augen warten auf dich.
Altes Testament, Psalm 145, Vers 15

Alles Fertige wird angestaunt, alles Werdende wird unterschätzt.
Friedrich Nietzsche (1844–1900), deutscher Philosoph. Aus: *Menschliches Allzumenschliches.*

Alles Getrennte findet sich wieder.
Friedrich Hölderlin (1770–1843), deutscher Dichter. Aus: *Hyperion.*

Alles Große und Edle ist einfacher Art.
Gottfried Keller (1819–1890), Schweizer Schriftsteller und Dichter. Aus: *Der grüne Heinrich.*

Alles neu macht der Mai.
Hermann Adam von Kamp (1796–1867), deutscher Schriftsteller und Dichter. Aus dem Gedicht *Der Mai* in der Liedersammlung *Lautenklänge.*

Alles sollte so einfach wie möglich gemacht werden, aber nicht einfacher.
Albert Einstein (1879–1955), deutscher Physiker. Mündliche, ihm zugeschriebene Äußerung.

Alles verstehen heißt alles verzeihen.
Unter anderem nach Madame de Staël (eigentlich Anne Louise Germaine de Staël-Holstein, 1766–1817), französische Schriftstellerin. Aus: Corinne ou l'Italie (*Tout comprendre rend très indulgent–Alles verstehen macht sehr nachsichtig*). Ebenfalls bei Johann Wolfgang von Goethe (1749–1832), deutscher Schriftsteller, Dichter, Dramatiker, Naturwissenschaftler. Aus: *Torquato Tasso* (*Was wir verstehn, das können wir nicht tadeln*).

Alles zu seiner Zeit.
Altes Testament, Prediger Salomo 3, 1

Allzu straff gespannt, zerspringt der Bogen.
Friedrich Schiller (1759–1805), deutscher Dichter, Dramatiker und Schriftsteller. Aus: *Wilhelm Tell.*

Ältere Freundschaften haben vor neuen hauptsächlich das voraus, dass man sich schon viel verziehen hat.
Johann Wolfgang von Goethe (1749–1832), deutscher Schriftsteller, Dichter, Dramatiker, Naturwissenschaftler. Quelle unbekannt.

Alte Vögel sind schwer zu rupfen.
Sprichwort

Alter schützt vor Torheit nicht.
William Shakespeares (1564–1616), englischer Dramatiker, Schauspieler und Dichter. Aus: *Antonius und Cleopatra.*

Altersweisheit gibt es nicht. Wenn man altert, wird man nicht weise, nur vorsichtig.
Ernest Hemingway (1899–1961), amerikanischer Schriftsteller. Mündliche, ihm zugeschriebene Äußerung.

Am schwersten verdaulich sind meistens die Sätze, die man selbst einmal gesagt hat.
Harold Macmillan (1894–1986), britischer Politiker. Mündliche Äußerung.

Am seidenen Faden hängen
Redensart, die vermutlich zurückgeht auf die antike Erzählung um das Damoklesschwert.

Am vielen Lachen erkennt man den Narren.
Sprichwort

Am zähesten wird verteidigt, was nicht existiert.
Ludwig Marcuse (auch Heinz Raabe,1894–1971), deutscher Philosoph und Literaturkritiker. Aus: *Argumente und Rezepte. Ein Wörter-Buch für Zeitgenossen.*

Anfangen ist leicht, beharren ist die Kunst.
Sprichwort

An die große Glocke hängen
Redensart (*Etwas an die große Glocke hängen*)

An ihren Früchten sollt ihr sie erkennen.
Neues Testament, Matthäus 7, 16

An solchen kleinen Dingen muss man sich nicht stoßen, / wenn man zu großen auf dem Wege ist.
Christian Friedrich Hebbel (1813–1863), deutscher Dichter und Dramatiker. Aus: *Demetrius.*

Apfel der Zwietracht / Zankapfel
Redensart, die zurückgeht auf die griechische Sage um die Göttin der Zwietracht Eris.

Ariadnefaden
Nach der Sage um die kretische Königstocher Ariadne, u. a. bei Ovid (43 v. Chr.–17/18 n. Chr.) in den *Metamorphosen.*

Arm in Arm mit dir, so fordr' ich mein Jahrhundert in die Schranken.
Friedrich Schiller (1759–1805), deutscher Dichter, Dramatiker und Schriftsteller. Aus: *Don Carlos.*

Auch nur ein Mensch sein
Redensart

Audiatur et altera pars (Man muss auch die Gegenpartei anhören)
Seneca (um 4 v. Chr.–65 n. Chr.), römischer Philosoph. Aus: *Medea.*

Auf Biegen und Brechen
Redensart

Auf den Schwingen des Adlers ist auch der Sperling König.
Sprichwort

Auf die lange Bank schieben
Redensart (*Etwas auf die lange Bank schieben*)

Aufgehoben ist nicht aufgeschoben.
Sprichwort nach Arnobius dem Jüngeren (260–330), römischer Mönch und Schriftsteller.

Aufgelöst sind aller Ordnung Bande.
Friedrich Schiller (1759–1805), deutscher Dichter, Dramatiker und Schriftsteller. Aus: *Wilhelm Tell.*

Ausdauer ist edler als Stärke, und Geduld edler als Schönheit.
John Ruskin (1819–1900), englischer Schriftsteller, Maler, Kunsthistoriker und Sozialphilosoph. Aus: *Aphorismen zur Lebensweisheit.*

Aus Spöttern werden oft Propheten.
William Shakespeares (1564–1616), englischer Dramatiker, Schauspieler und Dichter. Aus: *König Lear.*

Behutsamkeit gewinnt den Streit.
Abraham a Santa Clara (eigentlich Johann Ulrich Megerle, 1644–1709) österreichischer Geistlicher, der durch seine ungeheure Sprachgewalt die Zuhörer in seinen Bann zog. Mündliche Äußerung.

Bei genauerer Betrachtung steigt mit dem Preise auch die Achtung.
Wilhelm Busch (1832–1908), deutscher Maler, Zeichner und Dichter. Aus: *Maler Klecksel.*

Beim Ratgeben sind wir alle weise, aber blind bei eigenen Fehlern.
Euripides (480 oder 485/484–406 v. Chr.), griechischer Dichter. Aus: *Fragmente.*

Besser auseinander gehen in Einigkeit, als immerdar beisammen sein in Zank und Streit.
Carl Spitteler (eigentlich Carl Felix Tandem, 1845–1924), Schweizer Schriftsteller. Aus: *Olympischer Frühling.*

Besser spät als nie!
Auch: *Besser spät als gar nicht/niemals.* Redensart, die schon bei Titus Livius (römischer Geschichtsschreiber, 59 v. Chr.–17 n. Chr.) in seiner römischen Geschichte *Ab urbe condita libri* auftaucht: *Potius sero quam numquam.*

Bevor ich mit der Rede beginne, habe ich etwas Wichtiges zu sagen.
Groucho Marx (eigentlich Julius Henry Marx, 1890–1977), amerikanischer Filmkomiker, mündliche Äußerung.

Bin ich meinem Amte in der Tat nicht gewachsen, so ist der zu tadeln, der es mir anvertraut.
Friedrich Schiller (1759–1805), deutscher Dichter, Dramatiker und Schriftsteller. Aus: *Der Parasit.*

Brechen Sie dies rätselhafte Schweigen.
Friedrich Schiller (1759–1805), deutscher Dichter, Dramatiker und Schriftsteller. Aus: *Don Carlos.*

Charakterlosigkeit ist ein Mythos, den biedere Individuen geschaffen haben, um damit die Faszination anderer Leute erklären zu können.
Oscar Wilde (1854–1900), irischer Schriftsteller. Aus: *Sätze und Lehren zum Gebrauch für die Jugend.*

Da geht er hin und singt nicht mehr.
Ferdinand Gumbert (1818–1896), deutscher Gesangslehrer und Komponist. Aus: *Die Kunst, geliebt zu werden.*

Da ich keine Entscheidung treffen konnte, traf die Entscheidung mich.
Sprichwort (Ursprünglich: *Da er keine Entscheidung treffen konnte, traf die Entscheidung ihn.*)

Darf eine einzige fehlgeschlagene Hoffnung uns gegen die Welt so unversöhnlich machen?
Gotthold Ephraim Lessing (1729–1781), deutscher Dichter und Dramatiker. Aus: *Emilia Galotti.*

Das Beste ist gerade gut genug.
Redensart

Das Denken gibt uns ein so reines und so lebhaftes Vergnügen, dass, wer es nur einmal in seinem Leben gekostet hat, es nie wieder entbehren kann.
Johann Jakob Engel (1711–1802), deutscher Schriftsteller und Philosoph. Aus: *Der Philosoph für die Welt.*

Das Gesetz der Wirtschaft verbietet es, für wenig Geld viel Wert zu erhalten.
John Ruskin (1819–1900), englischer Schriftsteller, Maler, Kunsthistoriker und Sozialphilosoph. Aus: *Aphorismen zur Lebensweisheit.*

Das gesprochene Wort kann nicht zurückkehren. (Mecit vox missa reverti.)
Horaz (65–8 v. Chr.), römischer Dichter. Aus: *Über die Dichtkunst.*

Das Glück gibt dem einen die Nüsse, dem anderen die Schalen.
Sprichwort

Das habe ich mir längst an den Schuhen abgelaufen.
Redensart

Das Herz hat seine Gründe, die der Verstand nicht kennt.
Blaise Pascal (1623–1662), französischer Mathematiker, Physiker und Philosoph. Aus: *Pensées.*

Das ist das Schöne an einem Fehler: Man muss ihn nicht zweimal machen.
Thomas Alva Edison (1847–1931), amerikanischer Erfinder. Quelle unbekannt.

Das Kind mit dem Bade ausschütten
Redensart

Das Leben ist unendlich viel seltsamer als irgendetwas, das der menschliche Geist erfinden könnte. Wir würden nicht wagen die Dinge auszudenken, die in Wirklichkeit bloße Selbstverständlichkeiten unseres Lebens sind.
Arthur Conan Doyle (1859–1930), englischer Kriminalautor. Aus: *Eine Frage der Identität. Sherlock Holmes.*

Das menschliche Gehirn ist eine großartige Sache. Es funktioniert bis zu dem Zeitpunkt, wo du aufstehst, um eine Rede zu halten.
Mark Twain (eigentlich Samuel Langhorne Clemens, 1835–1910), amerikanischer Schriftsteller und Satiriker. Aus: *Skizzenbuch.*

Das neunzehnte Jahrhundert, wie wir es kennen, ist im Wesentlichen eine Erfindung von Balzac.
Oscar Wilde (1854–1900), irischer Schriftsteller. Aus: *Der Verfall der Lüge.*

Das Problem mit der heutigen Jugend ist, dass man selbst nicht mehr dazugehört.
Salvador Dalí (1904–1989), spanischer Maler und Grafiker. Aus einem Interview.

Das Recht auf Dummheit wird von der Verfassung geschützt. Es gehört zur Garantie der freien Persönlichkeitsentfaltung.
Mark Twain (eigentlich Samuel Langhorne Clemens, 1835–1910), amerikanischer Schriftsteller und Satiriker. Aus: *Der Mann, der Hadleyburg korrumpierte.*

Das Runde muss in das Eckige.
Josef „Sepp" Herberger (1897–1977), deutscher Fußball-Bundestrainer. Mündliche Äußerung, auch Helmut Schulte zugeschrieben.

Das Schlimmste ist, dass wir die einfachsten Fragen mit Tricks zu lösen versuchen, darum machen wir sie auch so kompliziert. Man muss nach einfachen Lösungen suchen.
Anton Tschechow (1860–1904), russischer Schriftsteller und Dramatiker. Aus: *Notizbücher.*

Das war kein Heldenstück, Oktavio!
Friedrich Schiller (1759–1805), deutscher Dichter, Dramatiker und Schriftsteller. Aus: *Wallensteins Tod.*

Das Weib soll sich nicht im Reden üben. Denn das wäre arg.
Demokrit (um 470 – um 380 v. Chr.), griechischer Philosoph. Aus: *Fragment 110*

Das wirkliche Leben verliert oft dergestalt seinen Glanz, dass man es manchmal mit dem Firnis der Fiktion wieder auffrischen muss.
Johann Wolfgang von Goethe (1749–1832), deutscher Schriftsteller, Dichter, Dramatiker, Naturwissenschaftler. Aus: *Dichtung und Wahrheit.*

Das Wissen vom Leben, das wir Erwachsene den Jugendlichen mitzuteilen haben, lautet (…) nicht: „Die Wirklichkeit wird schon unter

euren Idealen aufräumen", sondern: „Wachset in eure Ideale hinein, dass das Leben sie euch nicht nehmen kann."
Albert Schweitzer (1875–1965), elsässischer Arzt, Theologe und Philosoph. Aus: *Aus meiner Kindheit und Jugendzeit.*

Das Wort hindert das Schweigen daran, zu sprechen. Das Wort betäubt. Statt Tat zu sein, tröstet es uns, so gut es kann, über unser Nichtstun hinweg.
Eugène Ionesco (1909–1994), rumänisch-französischer Schriftsteller. Aus: *Gegengifte. Artikel, Aufsätze, Polemiken.*

Denken ist etwas, das auf Schwierigkeiten folgt und dem Handeln vorausgeht.
Bertold Brecht (1898–1956), deutscher Schriftsteller, Dichter und Dramatiker. Mündliche, ihm zugeschriebene Äußerung.

Denn dem Glück, geliebt zu werden, gleicht kein ander Glück auf Erden.
Johann Gottfried von Herder (1744–1803), deutscher Dichter, Philosoph und Theologe. Aus: *Der Cid.*

Denn sie säen Wind, und sie ernten Sturm.
Hosea, 8, 7

Den Wald vor lauter Bäumen nicht sehen
Redensart

Den zweiten Schritt vor dem ersten tun
Redensart

Der alte Ingwer ist der schärfste.
Fernöstliches Sprichwort

Der Edle schämt sich, wenn seine Worte seine Taten übertreffen.
Konfuzius (551 v. Chr.–479 v. Chr.), chinesischer Philosoph. Aus: *Gespräche des Meisters Kung.*

Der Erfolg eines Menschen setzt sich aus seinen Fehlschlägen zusammen.
Ralph Waldo Emerson (1803–1882), amerikanischer Dichter und Philosoph. Aus: *Essays.*

Der Gedanke macht ihn blass, wenn er fragt: Was kostet das?
Wilhelm Busch (1832–1908), deutscher Maler, Zeichner und Dichter. Aus: *Plisch und Plum.*

Der Ideen-Kampf wird nie im Reich der Ideen entschieden.
Ludwig Marcuse (auch Heinz Raabe,1894–1971), deutscher Philosoph und Literaturkritiker. Aus: *Argumente und Rezepte. Ein Wörter-Buch für Zeitgenossen.*

Der kluge Mann baut vor.
Friedrich Schiller (1759–1805), deutscher Dichter, Dramatiker und Schriftsteller. Aus: *Wilhelm Tell.*

Der Klügere gibt nach.
Sprichwort

Der Lohn eines Amtes ist das Amt selbst.
Seneca (um 4 v. Chr.–65 n. Chr.), römischer Philosoph. Aus: *Episteln.*

Der Mensch ist des Menschen Feind.
Titus Maccius Plautus (um 250 v. Chr. – um 184 v. Chr.), römischer Dichter. Aus *Asinaria.* Ebenfalls bei Thomas Hobbes (1588–1679), englischer Mathematiker, Staatstheoretiker und Philosoph. Aus: *Leviathan oder Der kirchliche und bürgerliche Staat.* Auch gefunden bei Johann Gottlieb Fichte (deutscher Philosoph, 1762–1814): *Des Menschen grausamster Feind ist der Mensch.*

Der Mensch ist ein geldgieriges Tier, und diese Eigenschaft kommt allzu oft seiner Güte in die Quere.
Herman Melville (1819–1891), amerikanischer Schriftsteller und Essayist. Aus: *Moby Dick.*

Der Mensch stolpert nicht über Berge, sondern über Maulwurfshügel. Berge sind groß, und darum besteigt man sie mit Bedacht; Maulwurfshügel dagegen sind winzig klein, und so beachtet man sie kaum.
Han Feizi (280–233 v. Chr.), chinesischer Philosoph. Aus: *Han Feizi* (sein einziges Werk, nach dem Autor selbst benannt).

Der Narben lacht, wer Wunden nie gefühlt.
William Shakespeares (1564–1616), englischer Dramatiker, Schauspieler und Dichter. Aus: *Romeo und Julia.*

Der Pessimismus ist eine Art geistiger Trunksucht; er verschmäht gesunde Nahrung, frönt dem Genuss des Haderns und Anklagens und bringt sich künstlich in einen Zustand der Niedergeschlagenheit, der ihn nach stärkeren Mitteln greifen lässt.
Rabindranath Tagore (1861–1941), indischer Dichter. Aus: *Gitanjali. Sangesopfer:* Wolff, München 1921

Der sittliche Mensch liebt seine Seele, der gewöhnliche sein Eigentum.
Konfuzius (551–479 v. Chr.) chinesischer Philosoph. Aus: *Gespräche des Meisters Kung.*

Der Ton macht die Musik.
Redensart

Der Umstand, dass wir Feinde haben, beweist klar genug, dass wir Verdienste besitzen.
Ludwig Börne (1786–1837), deutscher Journalist, Literatur- und Theaterkritiker. Aus: *Über etwas, das mich betrifft.*

Der Unterschied zwischen dem richtigen Wort und dem beinahe richtigen ist derselbe Unterschied wie zwischen dem Blitz und einem Glühwürmchen.
Mark Twain (eigentlich Samuel Langhorne Clemens, 1835–1910), amerikanischer Schriftsteller und Satiriker. Mündliche, ihm zugeschriebene Äußerung.

Der Unterschied zwischen Theorie und Praxis ist in der Praxis noch größer als in der Theorie.
Quelle unbekannt

Der Utopist sieht das Paradies, der Realist das Paradies plus Schlange.
Christian Friedrich Hebbel (1813–1863), deutscher Dichter und Dramatiker. Aus: *Tagebücher.*

Der Wahn ist kurz, die Reu ist lang.
Friedrich Schiller (1759–1805), deutscher Dichter, Dramatiker und Schriftsteller. Aus: *Das Lied von der Glocke.*

Des Pudels Kern
Johann Wolfgang von Goethe (1749–1832), deutscher Schriftsteller, Dichter, Dramatiker, Naturwissenschaftler. Aus: *Faust I.*

Die Ahnung der Frau ist meistens zuverlässiger als das Wissen des Mannes.
Rudyard Kipling (1865–1936), englischer Schriftsteller. Mündliche, ihm zugeschriebene Äußerung.

Die Augen halte zu, und deinen Beutel offen; / Ein solcher Kund' ist es, auf den die Krämer hoffen.
Friedrich Rückert (1788–1866), deutscher Dichter und Orientalist. Aus: *Weisheit des Brahmanen.*

Die Begeisterung ist das tägliche Brot der Jugend. Die Skepsis ist der tägliche Wein des Alters.
Pearl Sydenstricker Buck (auch John Sedges, 1892–1973), amerikanische Schriftstellerin. Quelle unbekannt.

Die Ehe ist und bleibt die wichtigste Entdeckungsreise, die der Mensch unternehmen kann.
Sören Kierkegaard (1813–1855), dänischer Philosoph. Aus: Die *nackte Wahrheit. Aphorismen und andere kurze Notizen.*

Die feine englische Art
Redensart

Die Gegenwart belohnt die Fleißigen, die Zukunft belohnt die Geduldigen.
Italienisches Sprichwort

Die Gesellschaft verzeiht oft den Verbrechern. Sie verzeiht nie den Träumern.
Oscar Wilde (1854–1900), irischer Schriftsteller. Aus: *Der Kritiker als Künstler.*

Die Ideen entzünden einander wie die elektrischen Funken.
Johann Jakob Engel (1711–1802), deutscher Schriftsteller und Philosoph. Aus: *Das Weihnachtsgeschenk.*

Die Jugend liebt heute den Luxus. Sie hat schlechte Manieren, verachtet die Autorität, hat keinen Respekt mehr vor älteren Leuten und diskutiert, wo sie arbeiten sollte. Die Jugend steht nicht mehr auf, wenn Ältere das Zimmer betreten. Sie widerspricht den Eltern und tyrannisiert die Lehrer.
Sokrates (um 470–399 v. Chr.), griechischer Philosoph. Aus: Platon: *Sämtliche Dialoge.*

Die Komplexität der Philosophie ist nicht die ihrer Materie, sondern die unseres verknoteten Verstandes.
Ludwig Wittgenstein (1889–1951), österreichischer Philosoph. Aus: *Philosophische Untersuchungen: Kritisch genetische Edition.* Suhrkamp, Frankfurt/Main 2001

Die Krähe singt so lieblich wie die Lerche, wenn man auf keine lauscht.
William Shakespeare (1564–1616), englischer Dramatiker, Schauspieler und Dichter. Aus: *Der Kaufmann von Venedig.*

Die Poesie heilt die Wunden, die der Verstand schlägt.
Novalis (eigentlich Georg Friedrich Philipp Freiherr von Hardenberg, 1772–1801), deutscher Schriftsteller und Dichter. Aus: *Fragmente und Studien.*

Die so genannte Objektivität … ist nichts als eine trockene Lüge; es ist nicht möglich, die Vergangenheit zu schildern, ohne ihr die Färbung unserer eigenen Gefühle zu verleihen. Ja, da der so genannte objektive Geschichtsschreiber doch immer sein Wort an die Gegenwart richtet, so schreibt er unwillkürlich im Geiste seiner eigenen Zeit, und dieser Zeitgeist wird in seinen Schriften sichtbar sein, wie sich in Briefen nicht bloß der Charakter des Schreibenden, sondern auch des Empfängers offenbart.
Heinrich Heine (1797–1856), deutscher Dichter, Schriftsteller und Journalist. Aus: *Shakespeares Mädchen und Frauen.*

Die Stärke der Gefühle kommt nicht so sehr vom Verdienst des Gegenstandes, der sie erregt, als von der Größe der Seele, die sie empfindet.
Théodore Jouffroy (1796–1842), französischer Philosoph. Aus: *Das grüne Heft.*

Die Vergangenheit ist die Vorratskammer für die Zukunft.
Sprichwort

Die Vergangenheit kann uns nicht sagen, was wir tun, wohl aber, was wir lassen müssen.
José Ortega y Gasset (1883–1955), spanischer Dichter und Kulturphilosoph. Aus: *Vergangenheit und Zukunft im heutigen Menschen.* Deutsche Verlagsanstalt, Stuttgart 1955

Die wichtigsten Aspekte der Dinge sind durch ihre Einfachheit und Alltäglichkeit verborgen.
Ludwig Wittgenstein (1889–1951), österreichischer Philosoph. Aus: *Logisch-philosophische Abhandlung.*

Die Zukunft hat schon begonnen
Robert Jungk (eigentlich Robert Baum, 1913–1994), österreichischer Publizist und Zukunftsforscher. Nach: *Die Zukunft hat schon begonnen. Amerikas Allmacht und Ohnmacht.* Heyne, München 1990

Die Zukunft ist die Ausrede all jener, die in der Gegenwart nichts tun wollen.
Harold Pinter (geb. 1930), englischer Schriftsteller und Dramatiker. Mündliche Äußerung.

Du kommst noch früh genug zu spät!
Redensart

Dunkler Ehrenmann
Johann Wolfgang von Goethe (1749–1832), deutscher Schriftsteller, Dichter, Dramatiker, Naturwissenschaftler. Aus: *Faust I.*

Durch allzu langen Streit verliert man die Wahrheit.
Publilius Syrus (im 1. Jahrhundert v. Chr.), römischer Dichter. Aus: *Sentenzen.*

Durch das Einfache geht der Eingang zur Wahrheit.
Georg Christoph Lichtenberg (1742–1799), deutscher Schriftsteller und Physiker. Aus: *Bemerkungen über physikalische Gegenstände 9: Über das Licht.*

Durch Heftigkeit ersetzt der Irrende, was ihm an Wahrheit und an Kräften fehlt.
Johann Wolfgang von Goethe (1749–1832), deutscher Schriftsteller, Dichter, Dramatiker, Naturwissenschaftler. Aus: *Torquato Tasso.*

Ehe man etwas brennend begehrt, soll man das Glück dessen prüfen, der es besitzt.
François de La Rochefoucauld (1613–1680), französischer Schriftsteller. Aus: *Betrachtungen oder Moralische Sentenzen und Maximen.*

Ein angenehmes Laster ist einer langweiligen Tugend bei weitem vorzuziehen.
Molière (eigentlich Jean-Baptiste Poquelin, 1622–1673), französischer Dichter, Schauspieler und Theaterleiter. Aus: *Amphitryon.*

Eine Angewohnheit kann man nicht aus dem Fenster werfen. Man muss sie die Treppe hinunter prügeln, Stufe für Stufe.
Mark Twain (eigentlich Samuel Langhorne Clemens, 1835–1910), amerikanischer Schriftsteller und Satiriker. Aus: *Skizzenbuch.*

Eine beschämende Antwort gehört auf eine vorwitzige Frage.
Johann Jakob Engel (1711–1802), deutscher Schriftsteller und Philosoph. Aus: *Der Philosoph für die Welt.*

Ein endlicher Spieler bringt Spiel in die Zeit. Ein unendlicher Spieler bringt Zeit ins Spiel.
James P. Carse, amerikanischer Religionsprofessor und Buchautor. Aus: *Endliche und unendliche Spiele.* (Klett-Cotta, 1987, 2. Auflage, S. 92)

Eine Hand wäscht die andere.
Sprichwörtliche Redensart, die auf die lateinische Formel *manus manum lavat* zurückgeht und u. a. bei Seneca (römischer Philosoph, um 4 v. Chr.–65 n. Chr.) in der Satire *Apocolocyntosis* zu finden ist.

Einen Bärendienst erweisen
Redensart nach der Fabel *Der Bär und der Gartenliebhaber* von Jean de La Fontaine. (*Jemandem einen Bärendienst erweisen*)

Eine richtige Antwort ist wie ein lieblicher Kuss.
Altes Testament, Die Sprüche Salomons, Kapitel 24, Spruch 26

Eine Schwalbe macht noch keinen Sommer.
Redensart

Einfachheit ist das Resultat der Reife.
Friedrich Schiller (1759–1805), deutscher Dichter, Dramatiker und Schriftsteller. Aus: *Philosophische Briefe.*

Ein ganz klein wenig Süßes kann viel Bitteres verschwinden machen.
Francesco Petrarca (1304–1374) italienischer Dichter. Aus: *Gespräche über die Weltverachtung.*

Ein Gedanke, der nicht gefährlich ist, ist gar nicht wert, ein Gedanke zu heißen.
Oscar Wilde (1854–1900), irischer Schriftsteller. Aus: *Der Kritiker als Künstler.*

Ein Geschäft, das nur Geld einbringt, ist ein schlechtes Geschäft.
Henry Ford (1863–1947), amerikanischer Industrieller und Gründer der Ford Motor Company. Aus einer Rede.

Ein jegliches hat seine Zeit.
Altes Testament, Prediger Salomo 3,1

Ein kluger Mann widerspricht nie einer Frau. Er wartet, bis sie es selbst tut.
Humphrey Bogart (1899–1957), amerikanischer Schauspieler. Mündliche Äußerung.

Ein Mann kann bei der Auswahl seiner Feinde nicht vorsichtig genug sein.
Oscar Wilde (1854–1900), irischer Schriftsteller. Aus: *Das Bildnis des Dorian Gray.*

Ein Mensch, der keine Dummheiten macht, macht auch nichts Gescheites.
Walisisches Sprichwort

Ein Optimist ist ein Mensch, der von den Ereignissen laufend dementiert wird.
Peter Sellers (eigentlich Richard Henry Sellers, 1925–1980), britischer Filmschauspieler und Komiker. Mündliche Äußerung.

Ein Realist ist ein Mann, der den richtigen Abstand zu seinen Idealen hat.
Truman Capote (eigentlich Truman Streckfus Persons, 1924–1984), amerikanischer Schriftsteller. Aus einem Interview.

Ein Unternehmen zu leiten ist der aufregendste Job, den man sich vorstellen kann. Mir fallen die verschiedensten Dinge dazu ein: Abenteuer. Spaß. Leidenschaft. Ständige Bewegung. Geben und Nehmen. Besprechungen bis spät in die Nacht. Unglaubliche Freundschaften. Guter Wein. Feiern. Großartige Golfplätze. Wichtige Entscheidungen. Krisen und Druck. Viele Versuche. Einige Volltreffer. Das Hochgefühl des Siegers. Die Enttäuschung des Verlierers. Die Bezahlung ist gut–doch der wirkliche Lohn ist die Freude an der Arbeit.
Jack Welch (geb. 1935), amerikanischer Manager. Aus: *Was zählt: Die Autobiografie des besten Managers der Welt.* Econ Ullstein List, Berlin 2001.

Ein voller Bauch studiert nicht gern.
Sprichwort

Ein Zyniker ist ein Mensch, der von allem den Preis und von nichts den Wert kennt.
Oscar Wilde (1854–1900), irischer Schriftsteller. Aus: *Lady Windermeres Fächer.*

Entflohener Augenblick kommt nicht zurück.
Sprichwort

Erfahrungen nützen gar nichts, wenn man keine Lehren daraus zieht.
Friedrich II. (auch „Friedrich der Große" oder der „Alte Fritz" genannt, 1712–1786), König von Preußen. Aus: *Politisches Testament.*

Erfolg erzeugt Erfolg, wie Geld das Geld.
Nicolas de Chamfort (eigentlich Nicolas-Sébastien Roch, 1741–1794), französischer Schriftsteller. Aus: *Maximen, Charakterzüge und Anekdoten.*

Erst wäg's, dann wag's! / Erst denk's, dann sag's!
Sprichwort

Es gibt also, mein Freund, keine Beschäftigung eigens für die Frau, nur weil sie Frau ist, und auch keine eigens für den Mann, nur weil er Mann ist, die Begabungen finden sich vielmehr gleichmäßig bei beiden Geschlechtern verteilt.
Platon (427 v. Chr.–347 v. Chr.), griechischer Philosoph. Aus: *Politeia.*

Es gibt Leute, die zahlen für Geld jeden Preis.
Arthur Schopenhauer (1788–1860), deutscher Philosoph. Aus: *Aphorismen zur Lebensweisheit.*

Es gibt Wichtigeres im Leben, als beständig dessen Geschwindigkeit zu erhöhen.
Mahatma Gandhi (1869–1948), indischer Volksführer und Staatsmann. Mündliche, ihm zugeschriebene Äußerung.

Es hat keinen Sinn, mit Männern zu streiten. Sie haben ja doch immer Unrecht.
Zsa Zsa Gabor (geb. 1917), ungarisch-amerikanische Schauspielerin. Quelle unbekannt.

Es irrt der Mensch, solang er strebt!
Johann Wolfgang von Goethe (1749–1832), deutscher Schriftsteller, Dichter, Dramatiker, Naturwissenschaftler. Aus: *Faust I.*

Es ist besser zu handeln und dann zu bereuen, als zu bereuen, nicht gehandelt zu haben.
Mellin de Saint-Gelais (1490–1558), französischer Dichter. Aus: *Quatrains.*

Es ist kein Fisch ohne Gräten und kein Mensch ohne Mängel.
Julius Wilhelm Zincgref (1591–1635), deutscher Dichter. Aus: *Apophthegmata.*

Es ist kein Kaufmann, der nicht Mäusedreck für indischen Pfeffer verkaufen kann.
Mittelhochdeutsches Sprichwort

Es ist leichter, Europa zu einigen, als zwei zerstrittene Frauen miteinander auszusöhnen.
Ludwig XIV. (auch „Sonnenkönig“, 1638–1715), König von Frankreich. Quelle unbekannt.

Es ist Unsinn, Türen zuzuschlagen, wenn man sie angelehnt lassen kann.
James William Fulbright (1905–1995), amerikanischer Politiker. Mündliche Äußerung.

Es muss nicht immer Kaviar sein.
Johannes Mario Simmel (geb. 1924), österreichischer Schriftsteller. Nach: *Es muss nicht immer Kaviar sein.* Knaur, München 2003.

Es reden und träumen die Menschen viel.
Friedrich Schiller (1759–1805), deutscher Dichter, Dramatiker und Schriftsteller. Aus dem Gedicht *Hoffnung.*

Essen und Trinken hält Leib und Seele zusammen.
Sprichwort

Es tritt der Mensch in jedes Alter als Novize ein.
Nicolas de Chamfort (eigentlich Nicolas-Sébastien Roch, 1741–1794), französischer Schriftsteller. Aus: *Maximen, Charakterzüge und Anekdoten.*

Es wäre wenig in der Welt unternommen worden, wenn man immer nur auf den Ausgang gesehen hätte.
Gotthold Ephraim Lessing (1729–1781), deutscher Dichter und Dramatiker. Aus: *Miss Sara Sampson.*

Es wird die Zeit kommen, da du glaubst, alles sei geschafft. Das ist der Anfang.
Louis L'Amour (1908–1988), amerikanischer Schriftsteller. Quelle unbekannt.

Es wird immer genau eine Möglichkeit mehr geben, wie etwas schief gehen kann, als du ausgeschaltet hast.
Edward A. Murphy (1917–1990), amerikanischer Ingenieur. Mündliche Äußerung unmittelbar nach einem fehlgeschlagenen Versuch zum Beschleunigungsverhalten, auch bekannt als „Murphys Gesetz".

Falsche Bescheidenheit ist die schicklichste aller Lügen.
Nicolas de Chamfort (eigentlich Nicolas-Sébastien Roch, 1741–1794), französischer Schriftsteller. Aus: *Maximen, Charakterzüge und Anekdoten.*

Fließendes Wasser fängt nicht an zu faulen, eine Türangel wird nicht vom Wurm zerfressen.
Fernöstliches Sprichwort

Fortschritt ist der Übergang von Situationen, deren Nachteile man kennt, zu Situationen, deren Nachteile man noch nicht kennt.
Arnold Gehlen (1904–1976), deutscher Soziologe. Aus: *Die Seele im technischen Zeitalter.* Rowohlt, Reinbek bei Hamburg 1957.

Frage nicht, was das Geschick / Morgen will beschließen; / Unser ist der Augenblick, / Lass uns den genießen!
Friedrich Rückert (1788–1866), deutscher Dichter und Orientalist. Aus: *Erbauliches und Beschauliches: Der Augenblick.*

Fragen sind niemals indiskret, nur Antworten sind es bisweilen.
Oscar Wilde (1854–1900), irischer Schriftsteller. Aus: *Ein idealer Gatte.*

Frauen, die so gut sein wollen wie Männer, haben einfach keinen Ehrgeiz.
Dieser Ausspruch wird dem deutschen Fernsehmoderator Bodo Hauser (1946–2004) zugeschrieben. Auch in der Variante *Eine Frau, die so gut sein will wie ein Mann, hat einfach keinen Ehrgeiz.*

Für das Essiggeld kaufe keine Sojasoße!
Fernöstliches Sprichwort

Für gewöhnlich stehen nicht die Worte in der Gewalt der Menschen, sondern die Menschen in der Gewalt der Worte.
Hugo von Hofmannsthal (1874–1929), österreichischer Dichter. Mündliche, ihm zugeschriebene Äußerung.

Gehe nicht über Los und ziehe keine 4.000 Euro ein.
Diese Redewendung bezieht sich auf das Gesellschaftsspiel Monopoly, bei dem man jedes Mal, wenn man über Los geht, 4.000 Euro einziehen kann, außer man muss aufgrund der entsprechenden Ereigniskarte direkt ins Gefängnis gehen.

Geist ist die Voraussetzung für Langeweile!
Max Frisch (1911–1991), Schweizer Schriftsteller. Quelle unbekannt.

Geld hat noch keinen reich gemacht.
Seneca (um 4 v. Chr.–65 n. Chr.), römischer Philosoph. Aus: *Von der Seelenruhe.*

Gelegenheit macht Diebe.
Redensart

Gesammeltes Schweigen
Heinrich Böll (1917–1985), deutscher Schriftsteller. Nach dem Buchtitel: *Doktor Murkes gesammeltes Schweigen.* Hörverlag, Stuttgart 1986.

Gewisse Mängel sind notwendig zum Dasein des einzelnen.
Johann Wolfgang von Goethe (1749–1832), deutscher Schriftsteller, Dichter, Dramatiker, Naturwissenschaftler. Aus: *Die Wahlverwandtschaften.*

Gewisse Stubenhocker sind gewohnt, alles zu bezweifeln, weil sie nichts sehen.
Honoré de Balzac (1799–1850), französischer Schriftsteller. Aus: *Der letzte Chouan.*

Gewissheit gibt allein die Mathematik. Aber leider streift sie nur den Oberrock der Dinge.
Wilhelm Busch (1832–1908), deutscher Maler, Zeichner und Dichter. Aus: *Brief an Maria Anderson.*

Gewohnheiten sind zuerst Spinnenweben, dann Drähte.
Fernöstliches Sprichwort

Gewöhnlich glaubt der Mensch, wenn er nur Worte hört, es müsse sich dabei doch auch was denken lassen.
Johann Wolfgang von Goethe (1749–1832), deutscher Schriftsteller, Dichter, Dramatiker, Naturwissenschaftler. Aus: *Faust I.*

Gib auf den Groschen Acht. Der Taler wird auf sich selbst Acht geben.
George Bernard Shaw (1856–1950), irischer Schriftsteller und Dramatiker. Aus: *Zu viel Geld. Eine unmanierliche Komödie in vier Akten.* Suhrkamp, Frankfurt/Main 2000.

Glück besteht in der Kunst, sich nicht zu ärgern, dass der Rosenstrauch Dornen trägt, sondern sich zu freuen, dass der Dornenstrauch Rosen trägt.
Arabisches Sprichwort

Glück ist das Zusammentreffen von Phantasie und Wirklichkeit.
Alexander Mitscherlich (1908–1982), deutscher Arzt, Psychoanalytiker und Schriftsteller. Quelle unbekannt.

Glückliche Umstände machen die Herzen übermütig.
Seneca (um 4 v. Chr.–65 n. Chr.), römischer Philosoph. Aus: *Agamemnon.*

Glück und Glas, wie leicht bricht das.
Sprichwort

Gott ist tot.
Friedrich Nietzsche (1844–1900), deutscher Philosoph. Aus: *Die fröhliche Wissenschaft.*

Grau, teurer Freund, ist alle Theorie.
Johann Wolfgang von Goethe (1749–1832), deutscher Schriftsteller, Dichter, Dramatiker, Naturwissenschaftler. Aus: *Faust I.*

Gut gebrüllt, Löwe!
William Shakespeares (1564–1616), englischer Dramatiker, Schauspieler und Dichter. Aus: *Ein Sommernachtstraum.*

Gute Taten werden hauptsächlich von Männern gepredigt und hauptsächlich von Frauen getan.
Nancy Astor (1879–1964), britische Politikerin. Mündliche Äußerung.

Heureka! (Ich hab's gefunden!)
Archimedes (287–212 v. Chr.), griechischer Mathematiker und Physiker. Mündlicher Ausspruch von Archimedes, überliefert vom römischen Baumeister Vitruv.

Ich bin ein lebenslustiger Pessimist.
Günter Grass (geb. 1927), deutscher Schriftsteller, Bildhauer und Grafiker: Aus einem Gespräch mit Fritz J. Raddatz und Roger de Weck in *DIE ZEIT*.

Ich bin Pessimist für die Gegenwart, aber Optimist für die Zukunft.
Wilhelm Busch (1832–1908), deutscher Maler, Zeichner und Dichter. Aus: *Aphorismen und Reime.*

Ich bin überzeugt, dass Verstand, und sei er noch so hell erleuchtet, wenig ausrichtet, ist er nicht mit Enthusiasmus gepaart.
Houston Stewart Chamberlain (1855–1927), englisch-deutscher Schriftsteller und Kulturphilosoph. Aus: *Grundlagen des 19. Jahrhunderts.*

Ich denke, Alter ist ein verdammt hoher Preis, den wir für Reife bezahlen.
Tom Stoppard (geb. 1937), britischer Dramatiker. Mündliche, ihm zugeschriebene Äußerung.

Ich denke niemals an die Zukunft. Sie kommt früh genug.
Albert Einstein (1879–1955), deutscher Physiker. Zitiert nach: Alice Calaprice: *Einstein sagt – Zitate, Einfälle, Gedanken.* Piper, München 2005.

Ich fürchte das Internet.
Stanislaw Lem (1921–2006), polnischer Philosoph, Essayist und Science-Fiction-Autor.

Ich kann allem widerstehen, nur nicht der Versuchung.
Oscar Wilde (1854–1900), irischer Schriftsteller. Aus: *Lady Windermeres Fächer.*

Ich merke wohl, im Ehestand muss man sich manchmal streiten, denn dadurch erfährt man was voneinander.
Johann Wolfgang von Goethe (1749–1832), deutscher Schriftsteller, Dichter, Dramatiker, Naturwissenschaftler. Aus: *Tagebücher.*

Ich weiß kein Mittel gegen diese Auszehrung des Geldbeutels; Borgen zieht es bloß in die Länge, aber die Krankheit ist unheilbar.
William Shakespeares (1564–1616), englischer Dramatiker, Schauspieler und Dichter. Aus: *Heinrich V.*

Ich will nicht als Adler starten und als Suppenhuhn landen.
Hans Roland Fäßler (geb. 1950), deutscher Manager und Journalist.

Ideen halten sich nicht. Es muss etwas mit ihnen getan werden.
Alfred North Whitehead (1861–1947), engl. Mathematiker und Philosoph. Quelle unbekannt.

Ihr nennt mich einen kargen Mann? / Gebt mir, was ich verprassen kann!
Johann Wolfgang von Goethe (1749–1832), deutscher Schriftsteller, Dichter, Dramatiker, Naturwissenschaftler. Aus: *West-östlicher Divan.*

Im Wasser nach dem Mond forschen
Fernöstliches Sprichwort. Ursprünglich: *Mancher forscht im Wasser nach dem Mond.*

In den Ozean schifft mit tausend Masten der Jüngling; still auf gerettetem Boot treibt in den Hafen der Greis.
Friedrich Schiller (1759–1805), deutscher Dichter, Dramatiker und Schriftsteller. Aus: *Erwartung und Erfüllung.*

In medias res
nach Horaz (65–8 v. Chr.), römischer Dichter. Aus: *Ars poetica.*

Innovation beginnt im Kopf mit der kühnen Idee und dem Mut zum Risiko.
Björn Engholm (geb. 1939), deutscher Politiker.

Irren ist menschlich. (Errare humanum est.)
Sprichwort, geht vermutlich zurück auf Hieronymus (um 347–um 419), istrischer Theologe, Gelehrter und Kirchenlehrer.

Jammern ist der Gruß der Kaufleute.
Phönizisches Sprichwort

Je älter man wird, desto ähnlicher wird man sich selbst.
Maurice Chevalier (1888–1972), französischer Chansonnier und Filmschauspieler. Mündliche Äußerung.

Je älter man wird, je hastiger tritt sie einem auf die Hacken, die Zeit, die so genannte.
Wilhelm Busch (1832–1908), deutscher Maler, Zeichner und Dichter. Aus: *Aphorismen und Reime, Wir Kinder der Vergangenheit.*

Jede theoretische Erklärung ist eine Reduzierung der Intuition.
Peter Høeg (geb. 1957), dänischer Schriftsteller. Aus: *Fräulein Smillas Gespür für Schnee.* Hanser, München 1994.

Jeder ist seines Glückes Schmied.
Ursprünglich aus der Spruchsammlung des römischen Zensors und Konsuls Appius Claudius Caecus (um 300 v. Chr.). Aufgenommen von Gottfried Keller (Schweizer Schriftsteller und Dichter, 1819–1890) in der Novelle *Der Schmied seines Glücks.*

Jeder Mann, der nicht ein Monster, Mathematiker oder ein verrückter Philosoph ist, ist der Sklave irgendeiner Frau.
George Eliot (eigentlich Mary Ann Evans, 1819–1880), englische Schriftstellerin. Aus: *Scenes of Clerical Life.*

Jedes Ding ist beachtenswert.
Fernöstliches Sprichwort (zurückgehend auf den chinesischen Dichter, Maler und Politiker Su Dongpo, 1036–1101)

Jemandem ein Schnippchen schlagen.
Redensart

Jugend hat viel Herrlichkeit, / Alter Seufzen viel und Leid.
Wolfram von Eschenbach (um 1160 – um 1220), deutscher Dichter. Aus: *Parzival.*

Jugend kennt keine Tugend.
Sprichwort

Kaufe nie unnütze Sachen, weil sie billig sind.
Thomas Jefferson (1743–1826), 3. Präsident der Vereinigten Staaten von Amerika und Verfasser der Unabhängigkeitserklärung. Aus: *Lebensregeln.*

Kaum hast du die Fehler der Jugend begangen, So musst du die Fehler des Alters begehn.
Johann Wolfgang von Goethe (1749–1832), deutscher Schriftsteller, Dichter, Dramatiker, Naturwissenschaftler. Aus: *Gedichte. Zahme Xenien I.*

Keine Zukunft vermag gutzumachen, was du in der Gegenwart versäumst.
Albert Schweitzer (1875–1965), elsässischer Arzt, Theologe und Philosoph. Mündliche, ihm zugeschriebene Äußerung.

Kein Mensch darf sagen: Solches trifft mich nie.
Menandros (341–292/293 v. Chr.), griechischer Dichter. Aus: *Fragmente.*

Kindermund tut Wahrheit kund.
Sprichwort

Kinder und Narren reden die Wahrheit.
Sprichwort

KISS: Keep it simple and stupid.
Redensart

Kleine Gelegenheiten sind oft der Anfang zu großen Unternehmungen.
Demosthenes (384–322 v. Chr.), griechischer Redner und Staatsmann. Aus: *Reden.*

Kommt Zeit, kommt Rat.
Sprichwort

Kraft und Wohlgestalt sind Vorzüge der Jugend, der des Alters aber ist Blüte der Besonnenheit.
Demokrit (um 470 v. Chr. – um 380 v. Chr.), griechischer Philosoph. Aus: *Fragment 294.*

Kummer sei lahm! / Sorge sei blind! / Es lebe das Geburtstagskind!
Theodor Fontane (1819–1898), deutscher Journalist, Erzähler und Theaterkritiker. Aus: *Gedichte.*

Lachen Sie lieber nicht vorschnell über jemanden, der einen Schritt zurückgeht. Er nimmt vielleicht nur Anlauf.
Unbekannter Herkunft

Langeweile! Du bist Mutter der Musen.
Johann Wolfgang von Goethe (1749–1832), deutscher Schriftsteller, Dichter, Dramatiker, Naturwissenschaftler. Aus: *Gedichte, Epigramme.*

Langsam wird man durch schöne Lehren belehrt, schnell und wirksam durch drastische Beispiele.
(Karl Wilhelm) Friedrich von Schlegel (1772–1829), deutscher Kulturphilosoph, Literaturhistoriker und Übersetzer. Quelle unbekannt.

Leicht ist es, ein Reich zu regieren, aber schwer eine Familie.
Chinesisches Sprichwort

Liebe geht durch den Magen.
Sprichwort

Lieber aus ganzem Holz eine Feindschaft als eine geleimte Freundschaft!
Friedrich Nietzsche (1844–1900), deutscher Philosoph. Aus: *Die fröhliche Wissenschaft.*

Lieber den Spatz in der Hand als die Taube auf dem Dach.
Redensart

Man liebt den Käse wohl – indessen, / Man deckt ihn zu.
Wilhelm Busch (1832–1908), deutscher Maler, Zeichner und Dichter. Aus dem Gedicht *Pst.*

Man kann nicht erwarten, dass ein rundlicher Mann gleich in ein viereckiges Loch passt. Man muss ihm Zeit geben, sich anzupassen.
Mark Twain (eigentlich Samuel Langhorne Clemens, 1835–1910), amerikanischer Schriftsteller und Satiriker. Aus: *Skizzenbuch.*

Man muss das Gestern kennen, man muss auch an das Gestern denken, wenn man das Morgen wirklich gut und dauerhaft gestalten will.
Konrad Adenauer (1876–1967), erster Bundeskanzler der Bundesrepublik Deutschland sowie von 1951 bis 1955 Außenminister. Aus seiner Rede vom 30. Juni 1952.

Man muss die Tatsachen kennen, bevor man sie verdrehen kann.
Mark Twain (eigentlich Samuel Langhorne Clemens, 1835–1910), amerikanischer Schriftsteller und Satiriker. Ihm zugeschrieben, Quelle unbekannt.

Man schreibt nicht, weil man etwas zu sagen hat, sondern weil man Lust hat, etwas zu sagen.
Émile Michel Cioran (1911–1995), französisch-rumänischer Schriftsteller. Aus: *Gevierteilt.* Suhrkamp, Frankfurt/Main 1982.

Man verirrt sich nie so leicht, wie wenn man glaubt, den Weg zu kennen.
Fernöstliches Sprichwort

Männer kennen Probleme für jede Lösung.
Juliette Binoche (geb. 1964), französische Schauspielerin. Mündliche Äußerung.

Männer sind zwar oft so jung, wie sie sich fühlen, doch niemals so bedeutend.
Simone de Beauvoir (1908–1986), französische Schriftstellerin und Philosophin. Aus: *Das andere Geschlecht. Sitte und Sexus der Frau.* Rowohlt, Reinbek bei Hamburg, 1992.

Mir tut jeder Mensch leid, der nicht genug Fantasie hat, um ein Wort mal so und mal so zu schreiben.
Mark Twain (eigentlich Samuel Langhorne Clemens, 1835–1910), amerikanischer Schriftsteller und Satiriker. Quelle unbekannt.

Mir wird von alledem so dumm, als ging mir ein Mühlrad im Kopf herum.
Johann Wolfgang von Goethe (1749–1832), deutscher Schriftsteller, Dichter, Dramatiker, Naturwissenschaftler. Aus: *Faust I.*

Mit der Dummheit kämpfen Götter selbst vergebens.
Friedrich Schiller (1759–1805), deutscher Dichter, Dramatiker und Schriftsteller. Aus: *Die Jungfrau von Orleans.*

Mit jemandem Katz und Maus spielen
Redensart

Mit Kanonen auf Spatzen schießen
Redensart

Mit Worten lässt sich trefflich streiten.
Johann Wolfgang von Goethe (1749–1832), deutscher Schriftsteller, Dichter, Dramatiker, Naturwissenschaftler. Aus: *Faust I.*

Morgen ist auch noch ein Tag!
Redensart

Morgen können wir's nicht mehr, darum lasst uns heute leben!
Friedrich Schiller (1759–1805), deutscher Dichter, Dramatiker und Schriftsteller. Aus dem Gedicht *Das Siegesfest.*

Morgen, morgen, nur nicht heute
Christian Felix Weiße (1726–1804), deutscher Schriftsteller und Pädagoge. Aus dem Lied *Der Aufschub* in: *Lieder für Kinder.*

Morgens um sieben ist die Welt noch in Ordnung
Redensart nach dem gleichnamigen Roman von Eric Lawson Malpass (englischer Schriftsteller, geb. 1910). Nach: *Morgens um sieben ist die Welt noch in Ordnung.* Rowohlt, Reinbek bei Hamburg, 1967.

Musik ist der vollkommenste Typus der Kunst: Sie kann ihr letztes Geheimnis nie enthüllen.
Oscar Wilde (1854–1900), irischer Schriftsteller. Aus: *Der Kritiker als Künstler.*

Nach mir die Sintflut!
Marquise de Pompadour (eigentlich Jeanne Antoinette Poisson, 1721–1764), die Mätresse Ludwigs XV., prägte diesen Ausspruch (*Après nous le déluge!*) im Jahr 1757. Ein Jahr später griff der Abbé de Mably (1709–1785) dieses Zitat auf und verwendete es im 6. Brief seiner *Rechte und Pflichten des Bürgers* mit Blick auf das französische Parlament: *L'avenir les inquiète peu: après eux le déluge.* (*Die Zukunft beunruhigt sie wenig: nach ihnen die Sintflut.*)

Neben den Drogen, die heute viele Tausende und vielleicht Millionen vergiften, wird unser Verstand obendrein durch die rund um den Globus verbreitete Emission pseudokosmischen Unsinns befallen.
Stanislaw Lem (1921–2006), polnischer Philosoph, Essayist und Science-Fiction-Autor. Aus: *Riskante Konzepte.* Insel, Frankfurt/Main, Leipzig 2001

Nicht der ist ein besserer Stratege, der weiß, dass man den Gegner überrumpeln muss, um zu siegen, sondern der, der weiß, wie man das tut.
Stanislaw Lem (1921–2006), polnischer Philosoph, Essayist und Science-Fiction-Autor. Aus: *Eine Minute der Menschheit. Eine Momentaufnahme.* Surhkamp, Frankfurt/Main 1983.

Nicht in die ferne Zeit verliere dich! Den Augenblick ergreife, der ist dein.
Friedrich Schiller (1759–1805), deutscher Dichter, Dramatiker und Schriftsteller. Ihm zugeschrieben, Quelle unbekannt.

Nicht weil es schwer ist, wagen wir es nicht, sondern weil wir es nicht wagen, ist es schwer.
Seneca (um 4 v. Chr.–65 n. Chr.), römischer Philosoph. Aus: *Epistulae morales ad Lucilium.*

Nichts ist so appetitanregend wie der ärztliche Rat, weniger zu essen.
Heinz Erhardt (1909–1979), deutscher Komiker, Entertainer, Schauspieler und Dichter. Ihm zugeschrieben.

Nichts ist trügerischer als eine offenkundige Tatsache.
Arthur Conan Doyle (1859–1930), englischer Kriminalautor. Aus: *The Boscombe Valley Mystery.*

Nichtwissen ist nicht schlimm, schlimm ist nur, nicht wissen wollen.
Chinesisches Sprichwort

Niemand irrt für sich allein. Er verbreitet seinen Unsinn auch in seiner Umgebung.
Seneca (um 4 v. Chr.–65 n. Chr.), römischer Philosoph. Aus: *Vom glücklichen Leben.*

No Risk, no Fun!
Redensart

Nur der Betrug entehrt, der Irrtum nie!
Georg Christoph Lichtenberg (1742–1799), deutscher Schriftsteller und Physiker. Aus: *Sudelbücher.*

Nur der Irrtum ist das Leben, / Und das Wissen ist der Tod.
Friedrich Schiller (1759–1805), deutscher Dichter, Dramatiker und Schriftsteller. Aus dem Gedicht *Kassandra.*

O Freunde, nicht diese Töne!
Friedrich Schiller (1759–1805), deutscher Dichter, Dramatiker und Schriftsteller. Aus dem Gedicht *Ode an die Freude.*

Ob du eilst oder langsam gehst, der Weg vor dir bleibt der gleiche.
Fernöstliches Sprichwort

Offenheit verdient immer Anerkennung.
Otto von Bismarck (eigentlich Otto Eduard Leopold, 1815–1898), Gründer und Kanzler des Deutschen Reiches. Aus: *Reden in der preußischen Zweiten Kammer.*

Oft schon musste eine ganze Stadt für die Übeltaten eines einzigen Mannes büßen.
Hesiod (um 700 v. Chr.), griechischer Dichter. Aus: *Werke und Tage.*

Ohne Fleiß kein Preis.
Sprichwort, geht zurück auf Hesiod (um 700 v. Chr.), griechischer Dichter. Aus: *Werke und Tage.*

Optimist ist ein anderes Wort für Dummkopf.
Gustave Flaubert (1821–1880), französischer Schriftsteller. Aus: *Universalenzyklopädie der menschlichen Dummheit.*

Ordnung ist das halbe Leben.
Sprichwort

Phantasie ist nicht Ausflucht. Sich etwas vorstellen heißt, eine Welt bauen, eine Welt erschaffen.
Eugène Ionesco (1909–1994), rumänisch-französischer Schriftsteller. Aus: *Bekenntnisse.* Arche, Hamburg, Zürich 1969.

Plane das Schwierige da, wo es noch leicht ist. / Tue das Große da, wo es noch klein ist. / Alles Schwere auf Erden beginnt stets als Leichtes. / Alles Große auf Erden beginnt stets als Kleines.

Lao-Tse (auch Laotse, Lao-tzu, Laozi–lebte vermutlich im 6 Jahrhundert v. Chr.), chinesischer Philosoph und Begründer des Taoismus. Aus: *Die Weisheit des Tao Te King.*

Politik verdirbt den Charakter.
Fürst Metternich (eigentlich Graf Klemens Wenzel Lothar Nepomuk von Metternich 1773–1859), österreichischer Staatsmann. Ihm zugeschrieben, Quelle unbekannt.

Prägnante Sätze sind wie scharfe Nägel, welche die Wahrheit in unser Gedächtnis hineinzwingen.
Denis Diderot (1713–1784), französischer Schriftsteller, Philosoph, Enzyklopädist, Literatur- und Kunsttheoretiker. Ihm zugeschrieben.

Probieren geht über studieren.
Sprichwort

Pünktlichkeit ist der Dieb der Zeit.
Oscar Wilde (1854–1900), irischer Schriftsteller. Aus: *Das Bildnis des Dorian Gray.*

Qualität besteht, wenn der Preis längst vergessen ist.
Sir (Frederick) Henry Royce (1863–1933), Pionier des Autobaus, gemeinsam mit Charles Stewart Rolls gründete er das Unternehmen Rolls-Royce. Mündliche Äußerung.

Qualität hat ihren Preis.
Sprichwort

Raum ist in der kleinsten Hütte / für ein glücklich liebend Paar.
Friedrich Schiller (1759–1805), deutscher Dichter, Dramatiker und Schriftsteller. Aus dem Gedicht *Der Jüngling am Bache.*

Reden ist Silber, Schweigen ist Gold.
Sprichwort

Reue ist Verstand, der zu spät kommt.
Ernst von Feuchtersleben (1806–1849), österreichischer Dichter, Philosoph und Arzt. Aus: *Aphorismen.*

Schlagfertigkeit ist etwas, worauf du erst 24 Stunden später kommst.
Mark Twain (eigentlich Samuel Langhorne Clemens, 1835–1910), amerikanischer Schriftsteller und Satiriker. Ihm zugeschrieben.

Schnell fertig ist die Jugend mit dem Wort.
Friedrich Schiller (1759–1805), deutscher Dichter, Dramatiker und Schriftsteller. Aus: *Wallensteins Tod.*

Schreiben ist ein Missbrauch der Sprache, stille für sich lesen ein trauriges Surrogat der Rede. Der Mensch wirkt alles, was er vermag, auf den Menschen durch seine Persönlichkeit (...) und hier entspringen auch die reinsten Wirkungen. Diese sind es, welche die Welt beleben und weder moralisch noch physisch aussterben lassen.
Johann Wolfgang von Goethe (1749–1832), deutscher Schriftsteller, Dichter, Dramatiker, Naturwissenschaftler. Aus: *Dichtung und Wahrheit.*

Schreibtafel her! Ich muss mir's niederschreiben, / Dass einer lächeln kann, und immer lächeln, / Und doch ein Schurke sein.
William Shakespeares (1564–1616), englischer Dramatiker, Schauspieler und Dichter. Aus: *Hamlet.*

Schwachheit, dein Name ist Weib!
William Shakespeares (1564–1616), englischer Dramatiker, Schauspieler und Dichter. Aus: *Hamlet.*

Sein oder Nichtsein, das ist hier die Frage.
William Shakespeares (1564–1616), englischer Dramatiker, Schauspieler und Dichter. Aus: *Hamlet.*

Sei wieder ruhig, sei heiter, und bringe mir das einzig selige Gefühl, dass du zufrieden bist. Und gib auch mir meine Ruhe wieder, dann gewiss, dann gewiss werde ich glücklich sein.
Susette Gontard (1769–1802), war die große Liebe des Dichters Friedrich Hölderlin, der sie als „Diotima" in seinen Gedichten und in seinem Roman Hyperion verewigte. Aus: *Briefe an Friedrich Hölderlin.*

Selbst erfinden ist schön; doch glücklich von andern Gefundnes / Fröhlich erkannt und geschätzt, nennst du das weniger dein?
Johann Wolfgang von Goethe (1749–1832), deutscher Schriftsteller, Dichter, Dramatiker, Naturwissenschaftler. Aus dem Gedicht *Selbst erfinden ist schön.*
Selbsterkenntnis ist der erste Schritt zur Besserung.
Sprichwort

Sich an die Buchstaben klammern
Redensart

Sich auf halbem Wege entgegenkommen
Redensart

Sich ins Bockshorn jagen lassen
Redensart

Sich mit fremden Federn schmücken
Redensart nach der Fabel *Die Krähe und die Pfauen* von Äsop, in der sich eine Krähe mit den außergewöhnlichen Pfauenfedern schmückt.

Sorgt immer für den Augenblick, / und Gott lasst für die Zukunft sorgen.
Christoph Martin Wieland (1733–1813), deutscher Dichter und Übersetzer. Aus dem Gedicht *Ein Wintermärchen 1.*

Takt besteht darin, dass man weiß, wie weit man zu weit gehen darf.
Jean Cocteau (1889–1963) französischer Schriftsteller, Dichter, Filmregisseur und Maler. Aus: *Hahn und Harlekin. Aphorismen und Notate.* Kiepenheuer, Leipzig 1991.

Tausend schöne, täuschende Genien umschweben unsere Jugend. Nach und nach entschwindet das Gedränge, und die Aussicht wird freier. Das nennen wir dann Erkenntnis.
Johann Jakob Mohr (1824–1886), deutscher Dichter und Pädagoge. Aus: *Gedanken über Leben und Kunst.*

Tränen sind wie Perlen. Man weiß nie, ob sie echt sind.
Indonesische Volksweisheit

Über den ängstlichen Gedanken, was uns etwa morgen zustoßen könnte, verlieren wir das Heute, die Gegenwart und damit die Wirklichkeit.
Hermann Hesse (1877–1962), deutsch-schweizerischer Dichter und Schriftsteller. Aus: *Knulp. Die Geschichten aus dem Leben Knulps.* Insel, Frankfurt/Main 1979.

Übermut tut selten gut.
Sprichwort

Über Schnee kann ein Schmetterling nicht urteilen.
Fernöstliches Sprichwort

Um den Schatten eines Esels streiten
Redensart

Um schwimmen zu lernen, muss ich ins Wasser gehen, sonst lerne ich nichts.
August Bebel (1840–1913), deutscher Politiker und Mitbegründer der Sozialdemokratischen Arbeiterpartei. Mündliche Äußerung.

Und jedem Anfang wohnt ein Zauber inne.
Hermann Hesse (1877–1962), deutsch-schweizerischer Dichter und Schriftsteller. Aus dem Gedicht *Stufen.* Aus: Die Gedichte. Fretz & Wasmuth, Zürich 1942.

Und wozu, in Teufels Namen! soll man denn sein Geld verwenden als auf einen guten Tisch, gute Gesellschaft, gute Weine, schöne Weiber, Vergnügen von allen Farben, Unterhaltungen aller Art.
Denis Diderot (1713–1784), französischer Schriftsteller, Philosoph, Enzyklopädist, Literatur- und Kunsttheoretiker. Aus: *Rameaus Neffe.*

Unerhört schnelle Systeme begehen unerhört schnell Fehler.
Stanislaw Lem (1921–2006), polnischer Philosoph, Essayist und Science-Fiction-Autor. Aus: *Waffensysteme des 21. Jahrhunderts.* Suhrkamp, Frankfurt/Main 1983.

Verkaufen ist nicht schenken.
Französisches Sprichwort

Verschiebe nichts auf morgen, was genauso gut auf übermorgen verschoben werden kann.
Mark Twain (eigentlich Samuel Langhorne Clemens, 1835–1910), amerikanischer Schriftsteller und Satiriker. Ihm zugeschrieben, Quelle unbekannt.

Viele Köche verderben den Brei.
Sprichwort

Vieles geht in der Welt verloren, weil man es zu geschwind für verloren gibt.
Johann Wolfgang von Goethe (1749–1832), deutscher Schriftsteller, Dichter, Dramatiker, Naturwissenschaftler. Quelle unbekannt.

Viel Wissen bedeutet noch nicht Verstand.
Heraklit (um 540 – um 480 v. Chr.), griechischer Philosoph. Aus: *Fragmente.*

Visionen brauchen Fahrpläne.
Hilmar Kopper (geb. 1935), deutscher Bankmanager. Mündliche Äußerung.

Vision ist die Kunst, Unsichtbares zu sehen.
Jonathan Swift (1667–1745), englisch-irischer Schriftsteller und Satiriker. Quelle unbekannt.

Vom Erhabenen zum Lächerlichen ist nur ein Schritt.
Diesen Satz hat der französische Kaiser Napoleon (1769–1821) aufgegriffen und etabliert. Auf seiner Flucht nach Russland soll er ihn wiederholt ausgesprochen haben.

Warum einfach, wenn's auch kompliziert geht?
Redensart

Warum in die Ferne schweifen? Sieh, das Gute liegt so nah.
Johann Wolfgang von Goethe (1749–1832), deutscher Schriftsteller, Dichter, Dramatiker, Naturwissenschaftler. Nach dem Gedicht: *Erinnerung*: (*Willst du immer weiter schweifen? / Sieh, das Gute liegt so nah. / Lerne nur das Glück ergreifen, / Denn das Glück ist immer da.*)

Was du heute kannst besorgen, das verschiebe nicht auf morgen.
Sprichwort

Was immer Frauen tun–sie müssen es zweimal besser tun als Männer, damit man sie für halb so gut hält. Glücklicherweise ist das nicht allzu schwer.
Charlotte Whitton (1896–1975), kanadische Schriftstellerin und Kolumnistin.

Was lange währt, wird endlich gut.
Sprichwort

Was man zu teuer kauft, verwendet man gewöhnlich auch noch schlecht, weil ohne Liebe und mit peinlicher Erinnerung – und so hat man einen doppelten Nachteil davon.
Friedrich Nietzsche (1844–1900), deutscher Philosoph. Aus: *Menschliches Allzumenschliches.*

Was mich nicht umbringt, macht mich stärker.
Friedrich Nietzsche (1844–1900), deutscher Philosoph. Aus: *Götzen-Dämmerung oder Wie man mit dem Hammer philosophiert.*

Was nicht zusammen kann bestehen, tut am besten, sich zu lösen.
Friedrich Schiller (1759–1805), deutscher Dichter, Dramatiker und Schriftsteller. Aus: *Die Jungfrau von Orleans.*

Was nützen mir die Farben, wenn ich nicht weiß, was ich malen soll?
Michel de Montaigne (1533–1592), französischer Philosoph und Schriftsteller. Aus: *Essais.*

Was uns als schwere Prüfung erscheint, erweist sich oft als Segen.
Oscar Wilde (1854–1900), irischer Schriftsteller. Ihm zugeschrieben, Quelle unbekannt.

Was uns den Weg verlegt, bringt uns voran.
Chinesisches Sprichwort

Wege entstehen dadurch, dass man sie geht.
Franz Kafka (1883–1924), österreichischer Schriftsteller. Ihm zugeschrieben.

Weisheit ist eine Tugend des Alters, und sie kommt wohl nur zu denen, die in ihrer Jugend weder weise waren noch besonnen.
Hannah Arendt (1906–1975), deutsch-amerikanische Politologin, Publizistin und Journalistin. Aus: *Essay über Isak Dinesen,* in: *Menschen in finsteren Zeiten.* Piper, München 2001.

Welche Freude, wenn es heißt: / „Alter, du bist alt an Jahren / aber blühend ist dein Geist."
Gotthold Ephraim Lessing (1729–1781), deutscher Dichter und Dramatiker. Aus: *Die 47. Ode Anakreons.*

Weniger wäre mehr gewesen.
Christoph Martin Wieland (1733–1813), deutscher Dichter und Übersetzer. Aus einem Text über Lessing in der Literaturzeitschrift *Der Teutsche Merkur.*

Wenn die Theorie auf die Erfahrung warten sollte, käme sie nie zustande.
Novalis (eigentlich Georg Friedrich Philipp Freiherr von Hardenberg, 1772–1801), deutscher Schriftsteller und Dichter. Aus: *Fragmente und Studien.*

Wenn es nicht wahr ist, ist es sehr gut erfunden.
Giordano Bruno (1548–1600), italienischer Philosoph und Dichter. Aus: *Von den heroischen Leidenschaften.*

Wenn etwas schief gehen kann, geht es auch schief.
Fälschlicherweise wird dieser Satz zumeist als Murphys Gesetz bezeichnet, obwohl es sich um Finagles Gesetz handelt, das durch den amerikanischen Science-Fiction-Autor Larry Niven (geb. 1938) bekannt geworden ist.

Wer am falschen Faden arbeitet, zerstört das ganze Gewebe.
Konfuzius (551–479 v. Chr.), chinesischer Philosoph. Aus: *Gespräche des Meisters Kung.*

Wer andern eine Grube gräbt, fällt selbst hinein.
Sprichwort nach den Sprüchen Salomons 26, 27

Wer den Funken löscht, muss nicht sein Strohdach löschen.
Fernöstliches Sprichwort

Wer den Hafen nicht kennt, in den er segeln will, für den ist kein Wind günstig. (Ignoranti, quem portum petat, nullus suus ventus est.)
Seneca (um 4 v. Chr.–65 n. Chr.), römischer Philosoph. Aus: *Epistulae morales, VIII, 71, 3.*

Wer den Pfennig nicht ehrt, ist des Talers nicht wert.
Sprichwort

Wer einen ebenbürtigen Gegner überlebt, wird entdecken, dass ihm etwas fehlt.
Otto von Bismarck (eigentlich Otto Eduard Leopold, 1815–1898), Gründer und Kanzler des Deutschen Reiches. Quelle unbekannt.

Wer heute versucht, etwas Bewahrenswertes zu bewahren, der muss schon fast ein Revolutionär sein.
Erhard Eppler (geb. 1926), deutscher Politiker. Mündliche Äußerung.

Wer Hirse sät, rechne nicht mit Bohnen.
Fernöstliches Sprichwort

Wer im Glashaus sitzt, sollte nicht mit Steinen werfen.
Sprichwort

Wer nicht fragt, der nicht gewinnt!
Sprichwort

Wer seine Gedanken nicht auf Eis zu legen versteht, der soll sich nicht in die Hitze des Streites begeben.
Friedrich Nietzsche (1844–1900), deutscher Philosoph. Aus: *Menschliches Allzumenschliches.*

Wer selbst am Spiel beteiligt ist, / wird leicht verwirrt; / wer unbeteiligt zusieht, / der bleibt unbeirrt.
Fernöstliches Sprichwort

Wer sich der Praxis hingibt ohne Wissenschaft, ist wie der Steuermann, der ein Schiff ohne Ruder und Kompass besteigt und nie weiß, wohin er fährt.
Leonardo da Vinci (1452–1519), italienisches Universalgelehrter. Aus: *Tagebücher und Aufzeichnungen.*

Wer sich nicht auf der Schwelle des Augenblicks, alle Vergangenheiten vergessend, niederlassen kann, wer nicht auf einem Punkte wie eine Siegesgöttin ohne Schwindel und Furcht zu stehen vermag, der wird nie wissen, was Glück ist, und noch schlimmer: Er wird nie etwas tun, was andere glücklich macht.
Friedrich Nietzsche (1844–1900), deutscher Philosoph. Aus: *Vom Nutzen und Nachteil der Historie für das Leben.*

Wer steilen Berg erklimmt, / hebt an mit ruhigem Schritt.
William Shakespeares (1564–1616), englischer Dramatiker, Schauspieler und Dichter. Aus: *König Heinrich VIII.*

Wer tollkühn anfängt, der bereut zu spät.
Mansur Firdausi (eigentlich Abdul Qasim Mansur Firdausi, 940–1020), persischer Dichter. Aus: *Schah-Name.*

Wer Visionen hat, sollte zum Arzt gehen.
Helmut Schmidt (geb. 1918), deutscher Politiker und Bundeskanzler von 1974 bis 1982. Mündliche Äußerung.

Wer zuerst kommt, mahlt zuerst. (Abducet praedan, qui occurrit prior.)
Sprichwort, geht vermutlich zurück auf Titus Maccius Plautus (250 v. Chr.–184 v. Chr.), römischer Dichter

Wie Herkules am Scheidewege stehen
Nach Xenophon (4./3. Jahrhundert. v. Chr.), griechischer Schriftsteller und Politiker. Aus: *Erinnerungen an Sokrates.*

Wie vom Erdboden verschluckt
Redensart

Willst du eine Rede hören, dann wende dich an einen Mann. Willst du Taten sehen, dann geh zu einer Frau.
Margaret Thatcher (geb. 1925), britische Premierministerin von 1979 bis 1990. Mündliche Äußerung.

Wir benutzen die Statistik wie ein Betrunkener einen Laternenpfahl: Vor allem zur Stütze unseres Standpunktes und weniger zum Beleuchten eines Sachverhalts.
Andrew Lang (1844–1912), schottischer Gelehrter, Übersetzer und Schriftsteller. Quelle unbekannt.

Wir sind geboren, um gemeinsam zu leben. Und unsere Gemeinschaft ähnelt einem Gewölbe, in dem die Steine einander am Fallen hindern.
Seneca (um 4 v. Chr.–65 n. Chr.), römischer Philosoph. Aus: *Von der Seelenruhe.*

Wirklich innovativ ist man nur dann, wenn mal etwas daneben gegangen ist.
Woody Allen (eigentlich Allen Konigsberg, geb. 1935), amerikanischer Schauspieler, Regisseur und Autor. Mündliche Äußerung.

Wir würden uns oft unserer schönsten Taten schämen, wenn die Welt die Beweggründe sähe, aus denen sie hervorgehen.
François de La Rochefoucauld (1613–1680), französischer Schriftsteller. Aus: *„Reflexionen“*

Wo viel Licht ist, ist auch viel Schatten.
Sprichwort

Wohl, nun kann der Guss beginnen!
Friedrich Schiller (1759–1805), deutscher Dichter, Dramatiker und Schriftsteller. Aus: *Lied von der Glocke.*

Wo Worte selten, haben sie Gewicht.
William Shakespeares (1564–1616), englischer Dramatiker, Schauspieler und Dichter. Aus: *König Richard der Zweite.*

Zettels Traum
Arno Schmidt (1914–1979), deutscher Schriftsteller. Nach: *Zettels Traum.* Knape, Augsburg 1994.

Zu einer friedlichen Familie kommt das Glück von selber.
Chinesisches Sprichwort

Zu mancher richtigen Entscheidung kommt es nur, weil der Weg zur falschen gerade nicht frei war.
Sprichwort

Zum Stolpern braucht es nichts als Füße.
Heinrich von Kleist (1777–1811), deutscher Schriftsteller und Dramatiker. Aus: *Der zerbrochene Krug.*

Zwei Seelen wohnen, ach, in meiner Brust / die eine will sich von der andern trennen.
Johann Wolfgang von Goethe (1749–1832), deutscher Schriftsteller, Dichter, Dramatiker, Naturwissenschaftler. Aus : *Faust I.*

Zwischen heut und morgen liegt eine lange Frist.
Johann Wolfgang von Goethe (1749–1832), deutscher Schriftsteller, Dichter, Dramatiker, Naturwissenschaftler. Aus: *Sprichwörtlich.*

Literaturverzeichnis

Äsop: *Fabeln* (hrsg. und übers. von Rainer Nickel). Artemis und Winkler, Düsseldorf/Zürich, 1. Auflage 2004.

Brockhaus Enzyklopädie Band 27, Zitate und Redewendungen. Brockhaus, Leipzig/Mannheim, 20. Auflage 1999.

Carse, James P.: *Endliche und unendliche Spiele: Die Chancen des Lebens.* Klett-Kotta, Stuttgart, 2. Auflage 1987.

Dahms, Christoph und Matthias: *Die Magie der Schlagfertigkeit.* Dahms Privatinstitut für Rhetorik und Managementtraining, Wermelskirchen, 1. Auflage 1995.

Etrillard, Stéphane: *Gekonnt gekontert.* Hoffmann und Campe, Hamburg, 1. Auflage 2004.

Goethe, Johann Wolfgang von: *West-östlicher Divan.* Manesse Verlag, Zürich, 1. Auflage 1994.

Hirson, Christina: *Zitate für jeden Anlass.* Gräfe und Unzer Verlag, München, 2. Auflage 2005.

Hornfeck, Susanne (Hg.): *Fernöstliche Weisheiten für Zeitgenossen.* Sanssouci im Carl Hanser Verlag, München/Wien, 1. Auflage 2004.

Kenzelmann, Peter: *Kundenbindung. Kunden begeistern und nachhaltig binden.* Cornelsen, Berlin, 2. Auflage 2003.

Kohlmann-Scheerer, Dagmar: *Kontern – aber wie?* Gabal, Offenbach, 1. Auflage 2001.

Nöllke, Matthias: *Anekdoten, Geschichten, Metaphern für Führungskräfte.* Haufe, Planegg 2002.

Nöllke, Matthias: *Schlagfertigkeit. Das Trainingsbuch.* Haufe, Planegg 2006.

Normann, Reinhard von: *Das kleine Zitate-Lexikon für die Wirtschaft.* Verlag Wirtschaft und Finanzen, Düsseldorf, 1. Auflage 2000.

Pack, Bodo: *Schlag zurück! Das Trainingsbuch zur Schlagfertigkeit.* BoD, Norderstedt, 1. Auflage 2001.

Studer, Jürg: *Rhetorik. Sprechen, Vortragen, Überzeugen.* Bassermann'sche Verlagsbuchhandlung, Niedernhausen/Ts., 5. Auflage 1994/1996.

Zoozmann, Richard: *Zitatenschatz der Weltliteratur.* Rowohlt, Reinbek, Neuausgabe 2001.

Zittlau, Dieter: *Schlagfertig kontern in jeder Situation.* Zenon, Düsseldorf, 1. Auflage 2002.